Uta Hanson

PATCHWORKEN & QUILTEN

Haupt
GESTALTEN

ambition 610

Uta Hanson

PATCHWORKEN & QUILTEN

DAS GRUNDLAGENBUCH

Haupt Verlag

INHALT

GRUNDLAGEN

PATCHWORKTECHNIKEN

QUILTTECHNIKEN

ABSCHLUSSARBEITEN

AUSBLICK

ANHANG

VORWORT

Die Bezeichnungen Patchworken und Quilten sind zwar eindeutig festgeschrieben, dennoch werden häufig unterschiedliche Begriffe für ein und dieselbe Sache verwendet. Das mögen manche bedauerlich finden – andere begrüßen es.

PATCHWORKEN bedeutet das Zusammensetzen von Stoff.
Das Zusammenfügen der Lagen heißt **QUILTEN**, und das Ergebnis ist ein **QUILT.**

Es ist empfehlenswert, sich zu Beginn eines Projekts zu überlegen, wofür der Quilt später verwendet werden soll. Davon hängt unter anderem ab, ob es sinnvoll ist, den Stoff vorzuwaschen, wie die Applikationen gearbeitet werden, ob die Fäden besser vor dem Vernähen verknotet werden und welche Randeinfassung sich anbietet – um nur ein paar Fragen zu nennen.

Mir hat es besonders das „moderne Patchworken (und Quilten)“ angetan bzw. das, was ich darunter verstehe, deshalb beschäftige ich mich in diesem Buch mit den grundlegenden Techniken dieser Stilrichtung. Damit lassen sich die allermeisten Projekte umsetzen. Die Techniken selbst sind variabel – beim Patchworken und Quilten führen immer mehrere Wege zum Ziel. Mein Weg ist nur einer von vielen.

Die Geschmäcker sind bekanntlich verschieden. Wenn dich eine andere Stilrichtung mehr anspricht, nutze dieses Buch einfach als Anregung und wandele die Projekte/Techniken so für dich ab, dass sie deinen Wünschen entsprechen. Leser:innen, denen das freie Arbeiten nicht liegt, finden im Handel eine großen Auswahl käuflicher Patterns (Anleitungen).

Mir ist es ein Anliegen, die Kunst des Patchworkens und Quiltens im deutschsprachigen Raum bekannter zu machen und ihr zu mehr Wertschätzung zu verhelfen. Deshalb habe ich dieses Buch geschrieben.

Setzt du eine Idee aus diesem Buch um, freue ich mich, wenn du die Community daran teilhaben lässt.
Teile dein Projekt gerne mit dem Hashtag **#utahansonsbuchinspo.**

QUILT-ENGLISCH

Viele Patchwork- und Quiltbegriffe kommen aus dem Englischen. Nicht alle lassen sich adäquat übersetzen. Unter der Rubrik „Quilt-Englisch“ werden sie an geeigneter Stelle erklärt.

Impression aus dem „Improvisational-Exercises"-Kurs in Neumünster 03/24

GESCHICHTE DES MODERNEN QUILTENS

Das Nähen durch mehrere Stofflagen wird seit Tausenden von Jahren praktiziert. Dadurch wird der Stoff beispielsweise robuster, weicher oder dekorativer. Auf diese Weise wurden Textilien wie Teppiche, Decken oder Kleidungsstücke geschaffen, die sowohl praktisch als auch ästhetisch sind.

Fast überall auf der Welt werden und wurden Patchwork- und Quiltarbeiten angefertigt. Die Ausführung hängt mit der regionalen Kultur, der jeweiligen Tradition und dem Stil der entsprechenden Epoche zusammen.
In diesem Buch liegt das Augenmerk auf der modernen Stilrichtung, deren Entwicklung im Folgenden kurz nachgezeichnet wird.

Dank moderner Digitalkameras und der zunehmenden Beliebtheit sozialer Medien wird das moderne Quilten seit der Jahrtausendwende immer populärer.
Die „Modern Quilt Guild (MQG)" – 2009 von zwei Amerikanerinnen gegründet – befasst sich ausschließlich mit dieser Stilrichtung, deren Geschichte auf der Website der Organisation dargestellt wird.

1998 bezeichnete die Modezeitschrift *Martha Stewart Living Quilts* der amerikanischen Textilkünstlerin Denyse Schmidt als „schick, ästhetisch und modisch". Für viele andere Quilter:innen war dies eine Initialzündung.

2002 stellte das Museum of Fine Arts in Houston/Texas Quilts aus der Gemeinde Gee's Bend aus. Gee's Bend liegt in einem Flussdelta von Alabama. Die dort ansässigen Afroamerikanerinnen stellten schon Anfang des 19. Jahrhunderts fröhlich bunte, eindrucksvolle Quilts aus den Resten von Overalls, Schürzen und gebleichten Mehlsäcken her. Für damalige Verhältnisse waren diese Quilts unglaublich innovativ und modern.
Im selben Jahr erschien das inspirierende Buch *Quilt Artistry* von Yoshiko Jinzenji.

2005 gingen die ersten Blogs zum modernem Quilten online.
Zwei weitere einflussreiche Bücher erschienen: *Quilts* von Denyse Schmidt und *The Modern Quilt Workshop* von Weeks Ringle und Bill Kerr.

Kathy Anso, *Crop to Beauty*, 2 x 2 m, 2023.
Die Quiltlinien betonen die Motivkonturen.

Hier sind die Quiltlinien völlig unabhängig von den gepatchten Formen gesetzt.

2008 wurde die Flickr-Gruppe „Fresh Modern Quilts" gegründet. Über den Onlinedienst verbreitete sich die Stilrichtung sehr schnell weltweit.

2013 fand die erste QuiltCon, eine mehrtägige Messe für Quilter:innen, statt. Die Mitglieder der Online-Community hatten nun die Möglichkeit, sich persönlich zu treffen. Heute ist die QuiltCon das größte Jahresevent zum modernen Quilten.

„ES GIBT FÜR MODERNE QUILTS NUR EINE REGEL. DIE LAUTET: ES GIBT KEINE REGEL."

Linda Seward

Bücher, die für das moderne Quilten stilprägend sind

Mein Quilt *Frau Hansons Focus #2* hat im Jahr 2022 auf der QuiltCon, der Messe für moderne Quilts, in den USA den 3. Preis in der Kategorie „Negative Space" gewonnen. 135 x 142 cm

MODERNE QUILTS können – wie andere Quilts auch – funktional als Decken verwendet werden, gelten oft aber eher als textile Kunstwerke.

Die traditionellen Patchworkmuster und -techniken werden meist minimalistisch abgewandelt und in leuchtenden Farben ausgeführt. Oft spielen Asymmetrie und negativer Raum (der Raum zwischen den Formen oder Motiven) eine wichtige Rolle. Eine improvisiert wirkende Komposition, die Neuinterpretation traditioneller Blöcke, die Auflösung der Blockstruktur sind typisch für den modernen Stil.

Oft erzählen die Quilts eine Geschichte, brechen Regeln und/oder vermitteln ein (politisches) Statement.

Verwandt mit dem modernen Quilt sind der sogenannte zeitgenössische Quilt (Contemporary Quilt) und der Kunstquilt (Art Quilt). Allen drei Stilrichtungen liegen traditionelle Patchworkmuster und -techniken zugrunde. Dabei spielt es keine Rolle, ob mit der Maschine, von Hand oder mit beiden gearbeitet wird. Die Stilrichtungen unterscheiden sich meiner Meinung nach in folgenden Punkten:

ZEITGENÖSSISCHE QUILTS

In zeitgenössischen Quilts werden gerne andere als die üblichen Patchworkmaterialien verarbeitet. Auch kommen experimentelle Techniken wie z.B. Fototransfer oder Multimedia-Mix zum Einsatz. Die Quilts können bemalt oder auf andere Weise verziert werden. Wegen der Veredlung ist das Waschen solcher Quilts in der Regel nicht vorgesehen.

Susan Brubaker Knapp, *Sproing*, Baumwollgewebe, Acryl-Textilfarbe, Baumwollgarn, Baumwollvlies. Der Stoff wurde bemalt und gequiltet. 162,5 x 108 cm

Gabi Mett, *OROGHAME*. Hanfvorhang, Leinen, Betttücher, verschieden Garne, Samen, Knöpfe, Perlenelemente.
Techniken: Applikation, Sticken, Stopfen, Perlenfädeln, Trapunto, Quilten, Malen. 185 x 106 cm

KUNSTQUILTS

Bei Kunstquilts tritt die Funktionalität komplett in den Hintergrund. Sie dienen also nicht als Decke oder Bettüberwurf, sondern sind Kunstobjekte. Auch sie werden meist mit weiteren Techniken veredelt und/oder bemalt.

Jurymitglieder ordnen die drei Stile auch anhand ihrer visuellen Effekte ein. Kunstquilts sollen die Betrachter:innen vor allem emotional ansprechen, zeitgenössische Quilts eher Bewunderung und Respekt für die Umsetzung hervorrufen. Bei modernen Quilts wird eine klare und starke optische Wirkung angestrebt.

AUFBAU EINES QUILTS

Ein Quilt setzt sich aus drei Lagen zusammen: Oberseite, Wattierung und Rückseite.

Die **OBERSEITE** ist die schöne Seite, die in irgendeiner Form gepatcht oder appliziert wird. Mit Patchworken bezeichnet man das Zerschneiden und Wiederzusammensetzen von Stoff. Für das Zusammensetzen gibt es unzählige Techniken und Methoden, von einfach bis herausfordernd. Oft werden einzelne **BLÖCKE**, sprich: geometrische Stoffstücke oder Mustereinheiten, genäht und dann zur Quiltoberseite zusammengesetzt.

Die **RÜCKSEITE** ist meist weniger spektakulär, sie besteht oft nur aus einem einzigen Stück Stoff.

Zwischen die Oberseite und Rückseite kommt eine **FÜLLUNG/WATTIERUNG**, welche ursprünglich wärmen sollte und die einen dreidimensionalen Effekt erzeugt. Heute wird für die Füllung Volumenvlies verwendet.

QUILTNAHT/QUILTING: Die drei Lagen, auch Sandwich genannt, werden miteinander verbunden, indem sie gequiltet werden. Früher sprach man von steppen, was das Gleiche bedeutet.

Die offenen Kanten des Quilts werden mit einer **EINFASSUNG** verschlossen. Auch hier gibt es verschiedene Techniken, je nachdem, welchen Effekt die Einfassung erzielen soll.

Auf der Rückseite des Quilts kann ein **ETIKETT/LABEL** angebracht werden, auf dem beispielsweise das Entstehungsjahr, der Name der Künstler:in, der Titel und Ähnliches vermerkt sind.

Ist der Quilt für die Wand gedacht, kann ein **TUNNEL** an der Rückseite angebracht werden, damit man ihn gut aufhängen kann.

OBERSEITE
WATTIERUNG
QUILTNAHT
EINFASSUNG
RÜCKSEITE
BLÖCKE

GRUNDLAGEN

EQUIPMENT

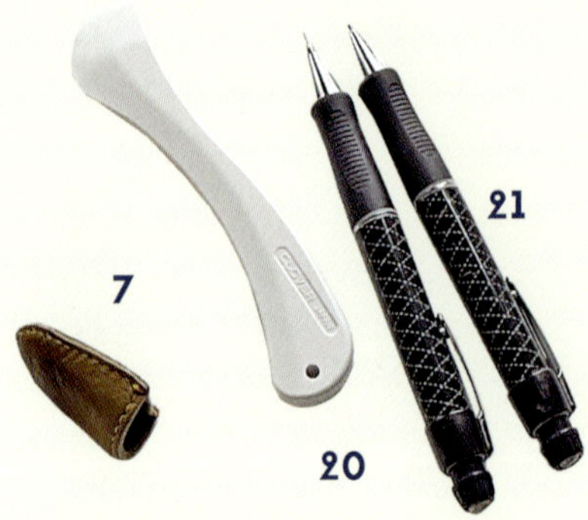

7

20

21

1

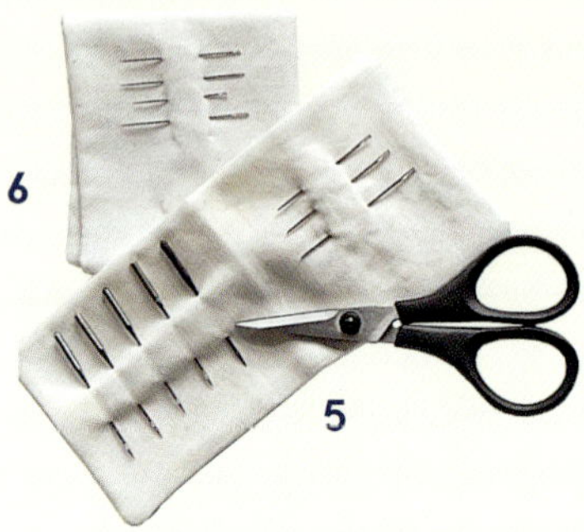

6

5

3

4

8

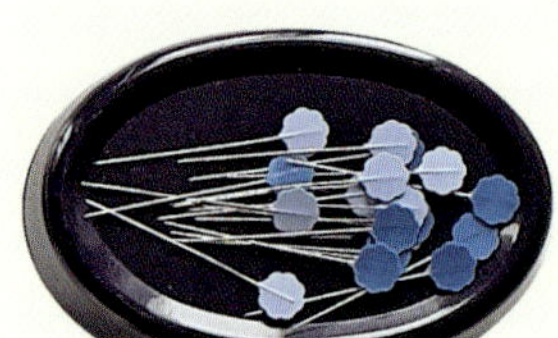

9

Heutzutage gibt es für alles und jedes eine Menge Schnickschnack, jedoch: Weniger ist mehr.

Das Wichtigste sind gute Scheren: eine kleine zum Abschneiden von Fäden, eine Papierschere und eine hochwertige Stoffschere. Mit der Stoffschere bitte niemals Papier schneiden! Eine scharfe Klinge für den Rollschneider ist ebenso ein Muss.

Wichtig ist auch die Wahl der Nadel. Egal, ob Maschinen- oder Handnähnadel – Stärke und Sorte sollte immer zum jeweiligen Projekt passen.

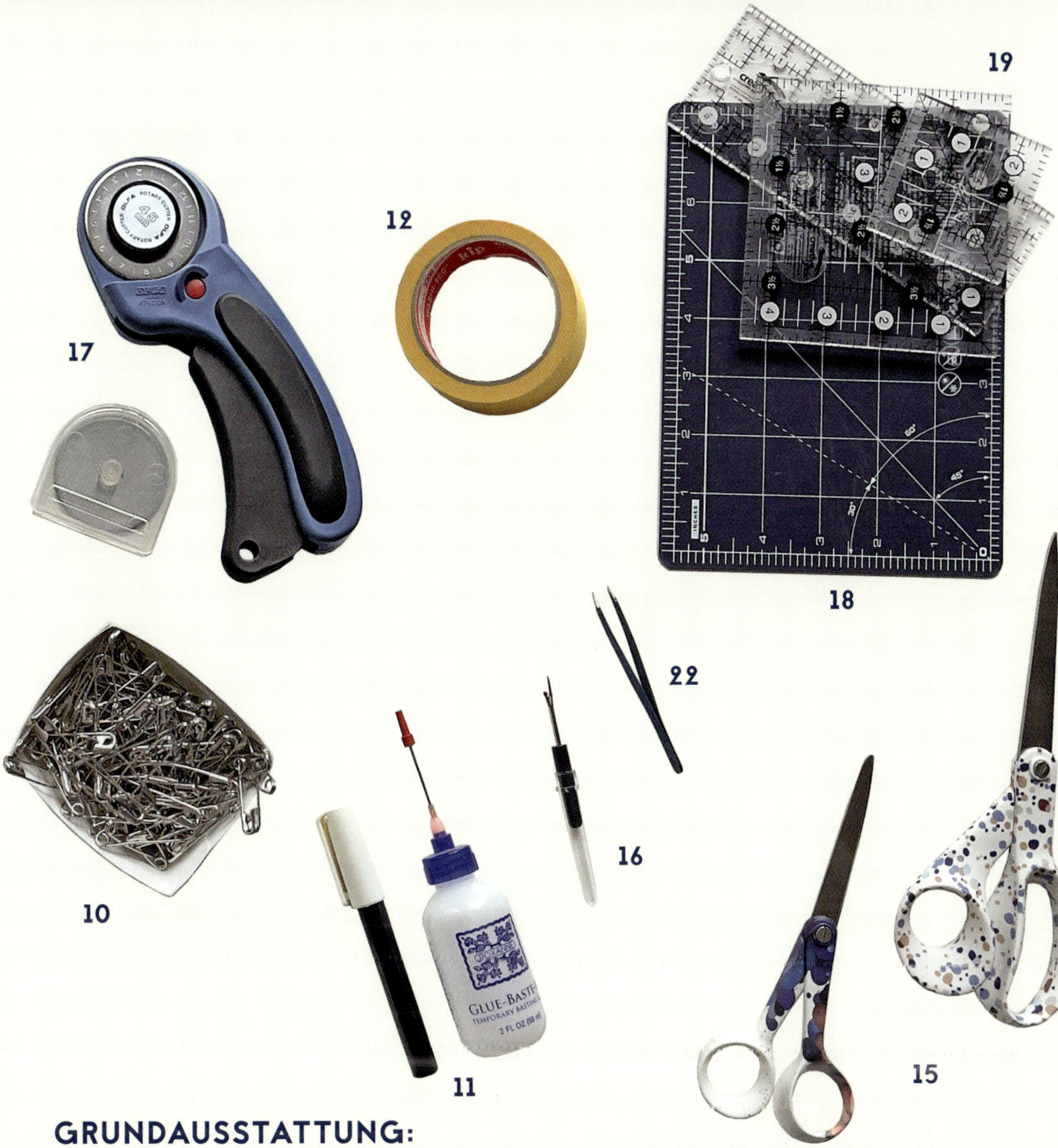

GRUNDAUSSTATTUNG:

- **1** Bügeleisen und Bügeleisenreiniger
- **2** Bügelunterlage bzw. Bügelbrett
- **3** Sprühflasche für Wasser (falls du kein Dampfbügeleisen verwendest)
- **4** Sprühflasche mit Krauseminzewasser
- **5** Handnähnadeln
- **6** Patentnadeln
- **7** Fingerhut
- **8** Stecknadeln
- **9** Clips
- **10** Sicherheitsnadeln
- **11** Textilklebestift und Textilkleber
- **12** Malerkrepp (oder Washi-Tape)
- **13** Nähmaschine (siehe S. 38f.)
- **14** Nähmaschinennadeln
- **15** Scheren
- **16** Nahttrenner
- **17** Rollschneider (mit Ersatzklingen)
- **18** Schneidematte
- **19** Lineale (Maßeinheit: Inch) und Maßband (Maßeinheiten: Inch und Zentimeter)
- **20** Hera-Marker
- **21** Markierstifte
- **22** Pinzette
- **23** Designwand (siehe S. 21)

1 2 3 4 5 6

Je nach Technik sind außerdem notwendig:

1 Textil-Sprühkleber
2 Sprühstärke
3 Clapper: Bügelgewicht aus Holz
4 Seam Roller: Handroller zum Falten von Nahtzugaben
5 Nahtausstreicher
6 Stilett
7 Freezer-Papier: mit Wachs beschichtetes Papier
8 Backpapier

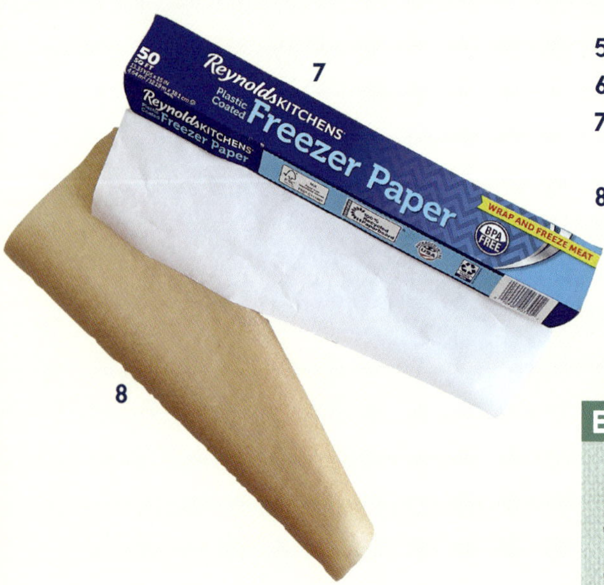

7

8

EXTRA-EQUIPMENT

Die Extras, die für bestimmte Techniken verwendet werden, sind in den jeweiligen Kapiteln aufgeführt.

MARKIEREN

Um es gleich vorweg zu sagen: Keine der folgenden Varianten ist ideal.

Die Rückstände von chemischen Markern, wasserlöslichen Stiften, Trickmarkern, FriXion-Stiften und anderen Markierstiften verschwinden beim Waschen oder Ausradieren nicht wirklich, sondern werden nur unsichtbar. In vielen Fällen spielt das keine Rolle, aber gerade bei Quilts, die ausgestellt werden sollen, verwende ich sie äußerst ungern. Es ist nicht schön, wenn Markierungen durch Temperaturschwankungen oder ungünstige Lichtverhältnisse plötzlich wieder sichtbar werden.

Als Alternativen bieten sich Kreidestifte, Kreidepuder, ein scharfkantiges Stück Seife, ein Markierrad oder Malerkrepp an. Wenn irgend möglich, verwende ich einen Hera-Marker. Für kleine Markierungen reicht ein Kreidestift.

DESIGNWAND

Eine Designwand für Patchworkarbeiten ist eine Fläche, die optimalerweise mit einem weißen Moltontuch bezogen ist. An diesem Tuch haften Stoffe, ohne dass sie mit Stecknadeln festgesteckt werden müssen.

Bei anderen kreativen Prozessen werden Designwände als Moodboards oder Visionboards genutzt, um viele Inspirationen zu einem Designkonzept zusammenzuführen. Im Entstehungsprozess eines Patchworkprojektes ist das hinderlich, da alle zusätzlichen Reize das Auge ablenken.

Ich richte an der Designwand die Stoffstücke und später die Blöcke aus, um zu schauen, wie sie im Gesamten wirken, bevor ich sie zusammennähe.

Das Entwickeln eigener Designs ist gar nicht so einfach. Es gibt unzählig viele Möglichkeiten, und um sich nicht zu verzetteln, ist es hilfreich, ein Konzept zu haben. Am Anfang hilft unter Umständen die Beschäftigung mit einfachen, traditionellen Patchworkmustern, die als Orientierungshilfe und Inspirationsquelle dienen können. Auch ist es ratsam, sich zunächst auf eine begrenzte Auswahl an Stoffen zu beschränken.

Patchwork lebt vom Spiel mit verschiedenen Designelementen. Die Designelemente sind die Teile, aus denen ein Bild oder eben ein Patchwork besteht. Dies können Linien, Formen, Texturen, Farben oder Muster sein. Mithilfe einiger Kompositionsregeln lassen sich diese Teile kombinieren und zu einem Werk entwickeln. Zu diesen Regeln oder Prinzipien gehören zum Beispiel Kontraste, Proportion und Maßstab, Schwerpunkte, Rhythmus und Bewegung oder Negativraum, um nur einige zu nennen.

ambition 610

STOFFE

Patchworken ist mit fast allen Stoffen möglich, gelingt mit Patchworkstoff aus Baumwolle aber am besten. Dank der dichten und gleichmäßigen Webstruktur lässt sich dieser Stoff gut schneiden, bügeln, mit den Fingern pressen und er franst kaum aus. Außerdem ist er sowohl von Hand als auch mit der Nähmaschine leicht zu verarbeiten.

Einfarbige, beidseitig verwendbare Stoffe (sogenannte Solids), deren Vorder- und Rückseite sich nicht unterscheiden, sind perfekt für alle, die wenig Lust auf Gehirnakrobatik haben. Patchworkstoffe gibt es nicht nur einfarbig, sie können auch bedruckt, gebatikt oder handgefärbt sein.

Leinen, Canvas, Oakshott, von Hand bedruckte, stark gebatikte oder recycelte Stoffe (beispielsweise Hemdenstoffe) und Flanell sind aufgrund ihrer festeren bzw. feineren oder ungleichmäßigeren Webstruktur etwas anspruchsvoller in der Verarbeitung als die ganz links gezeigten Patchworkstoffe.

Denim (Jeansstoff), Wollstoffe, Seide, Organza, Cord, Mischgewebe, T-Shirt-Stoffe oder Fleecestoffe sind für das Patchworken und Quilten nicht so gut geeignet.

Alle dehnbaren Stoffe sind für das Patchworken nicht geeignet, es sei denn, man bügelt sie auf eine Bügeleinlage.

Ich liebe den Blick auf meine Stoffsammlung. Für mich gehört ein größerer Stoffvorrat zum Patchworken einfach dazu. Manche Patchworker:innen haben den Ehrgeiz, die für ein Projekt benötigten Stoffmengen im Vorfeld exakt zu berechnen, sodass möglichst wenig Verschnitt anfällt. Mich würde das in meiner Kreativität hemmen. Ich überschlage die Stoffmenge, die ich voraussichtlich benötigen werde, und runde sie auf.

Ich finde es wichtig, Stoffe in vielen Abstufungen/Nuancen einer Farbe zu haben. Suche ich nicht konkret Stoff für ein Projekt, entdecke aber einen Stoff, den ich mag, kaufe ich gerne ein 25 cm langes Stück. Brauche ich Stoffe in bestimmten Farben, arbeite ich mit den Farbkarten der Hersteller. Für die sehr umfangreiche Solid-Serie *Kona® Cotton* habe ich Kärtchen angefertigt, die ich leichter an das Projekt halten und zusammenlegen kann.

Wichtige Begriffe für den Umgang mit Stoff

TRIMMEN

Auf Maß trimmen bedeutet, das Nähgut auf ein präzises Maß zurückzuschneiden.

Nahtzugaben sind in der Regel ¼ Inch breit.

PRE-CUTS

Pre-Cuts sind vorgeschnittene Stoffstücke in verschiedenen Maßen, die speziell zum Patchworken entwickelt wurden. Besonders für Anfänger:innen sind Pre-Cuts eine gute Option, denn Farben und Muster der Stoffpakete sind harmonisch aufeinander abgestimmt.

QUILT-ENGLISCH

Pre-Cuts – vorgeschnittene Stoffe
Bundle – Stoffpaket aus mehreren Stoffstücken
WOF (Width of Fabric) – Stoffbreite

1 Fat Quarter Bundle (18 Inch x ½ WOF)
Fat Eight (9 Inch x ½ WOF)
Half Yard Bundle (18 Inch x WOF)
2 Charm Pack (5 x 5 Inch)
3 Jelly Roll/Stoffschnecken (2½ Inch x WOF)
4 Layer Cake (10 x 10 Inch)
5 Mini Charms (2½ x 2½ Inch)

INCH ODER ZENTIMETER?

Während wir auf dem europäischen Festland seit dem 19. Jahrhundert metrische Längenmaße verwenden, basiert das angloamerikanische Maßsystem auf älteren Einheiten wie Zoll (Inch), Fuß und Meile. Beim Patchworken, das vor allem in Nordamerika traditionell stark verankert ist, wird in Inch gerechnet. Gute Patchworklineale, Zubehör und Anleitungen aus den USA sind zöllig. Das Gleiche gilt für die Nähfüße der Nähmaschine. Die übliche Nahtzugabe beim Patchworken beträgt ¼ Inch. Zollmaße sind beim Zuschneiden leichter am Lineal abzulesen als Zentimetermaße. Du solltest dir also nicht die Mühe machen, alles in Zentimeter umzurechnen.

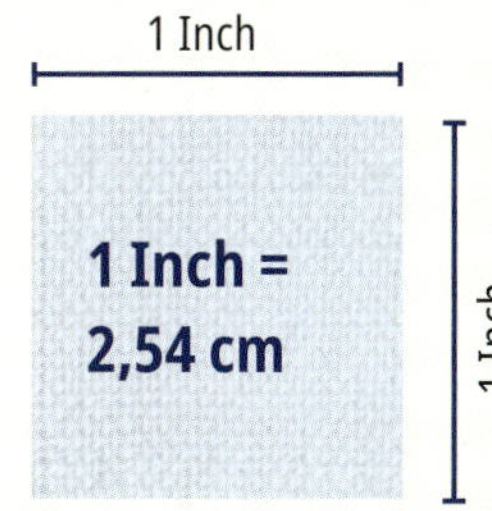

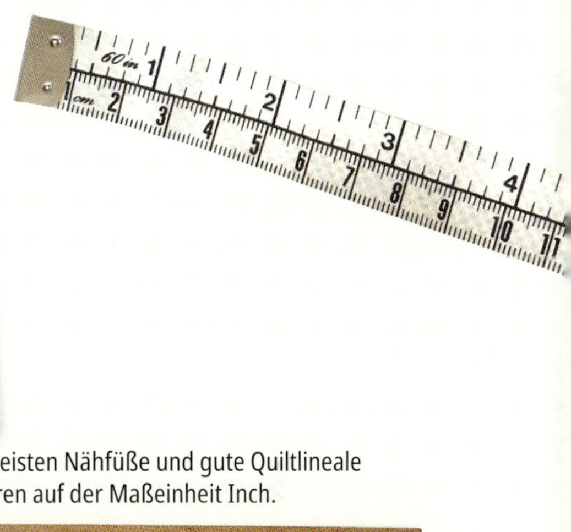

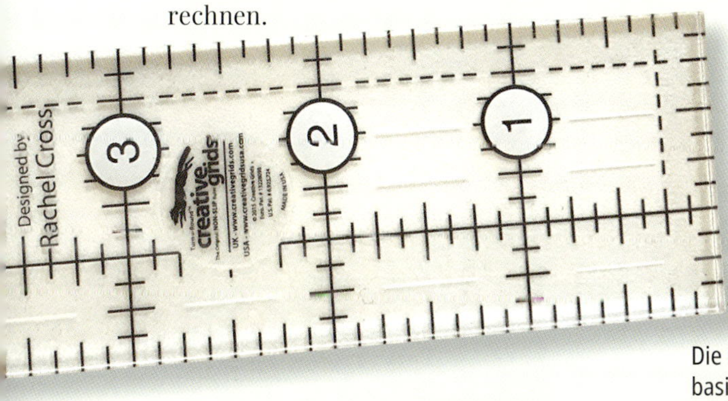

Die meisten Nähfüße und gute Quiltlineale basieren auf der Maßeinheit Inch.

STOFF VOR DEM NÄHEN WASCHEN?

Ob es sinnvoll ist, den Stoff vorzuwaschen, hängt von der Art des Projekts ab. Es ist nicht immer notwendig. Nachteilig ist, dass beim Waschen die schmutzabweisende Appretur entfernt wird. Sie sorgt außerdem dafür, dass der Stoff glatt aufliegt und sich leicht und exakt zuschneiden lässt.

Ist der Stoff vorgeschnitten?
(z.B. Fat Quarter Bundle, Jelly Roll/Stoffschnecken)?

Planst du einen Quilt, der an der Wand hängen soll?

Vorwaschen ist nicht nötig.

Nähst du eine Baby- oder Kuscheldecke ?

Willst du sichergehen, dass der Stoff später nicht einläuft?

Hast du Angst, dass die Farben später beim Waschen ausbluten?

Vorwaschen ist ratsam.

Den Stoff separat waschen (eventuell mit Farbfangtuch), nicht stark schleudern und vor dem Aufhängen gut ausschlagen. Das erleichtert das Bügeln.

Ist dir exaktes Zuschneiden und Nähen wichtig?

Verwende Wäschestärke!

Wäschestärke macht das Gewebe steif. Es lässt sich so besser verarbeiten.

Nach der Fertigstellung des Quilts muss die Stärke ausgewaschen werden.

1. Wäsche in die Maschine legen.
2. Tür schließen.
3. Waschmaschinen-Nr. merken.
4. Bezahlen.
5. Programmwahl mit dem Drehknopf.
6. Taste nur einmal drücken!
7. Drückt man zweimal, geht die Maschine auf Störung!
COMPASS CONTROL
4

BÜGELN

Zum Patchworken genügt in meinen Augen ein einfaches Bügeleisen ohne Dampfdüsen. Je schwerer es ist, desto weniger Kraft brauchst du zum Bügeln. Zum Anfeuchten des Stoffs verwende ich bei Bedarf eine Sprühflasche mit Wasser. Krauseminzewasser aus der Sprühflasche hilft gegen Knitterfalten und lässt Einstichlöcher verschwinden, die z.B. beim Auftrennen von Nähten entstehen.

Ein leidiges Thema sind Textilkleber und Reste von Vliesofix, die gerne auf der Sohle des Bügeleisens landen. Sie sollten immer gleich mit einem Bügeleisenreiniger entfernt werden. Um das Bügeleisen zu schützen, kannst du auch Backpapier zwischen Bügelgut und Bügeleisen legen. Am besten markierst du die Oberseite, sodass du es mehrmals benutzen kannst.

Baumwollstoffe können sehr heiß gebügelt werden (Einstellung: drei Punkte). Bei allen anderen Stoffen und bei Verwendung von Vliesofix oder ähnlichen Hilfsmitteln solltest du die mögliche Maximaltemperatur vorher prüfen.

Damit Nähte und vor allem Nahtzugaben sich nicht verschieben, solltest du das Bügeleisen beim Bügeln nicht hin und her schieben, sondern nur auf den Stoff pressen.

Soll eine Naht am Ende besonders flach liegen, kannst du ein Bügelgewicht aus Holz, einen sogenannten Clapper, auf die noch heiße, gebügelte Stelle legen. Das Holz entzieht dem Stoff die Feuchtigkeit und drückt ihn beim Erkalten flach.

Zwischendurch kannst du Nähte auch mal mit dem Finger, dem Nahtausstreicher oder dem Seam Roller glätten. Teste aus, was für dich am besten funktioniert.

Nahtzugaben, die in eine Richtung gebügelt werden sollen, immer zuerst von der rechten Seite bügeln.

Mit Clapper, Seam Roller und Nahtausstreicher lässt sich eine Nahtzugabe gut glätten.

Nahtzugaben, die auseinandergebügelt werden sollen, immer zuerst von der linken Seite bügeln.

GARNE

Ich bevorzuge beim Nähen mit der Maschine Polyestergarn. Es ist reißfester als Baumwollgarn, und der Abrieb ist sehr viel geringer (sodass die Maschine nicht so arg einstaubt).

Für das Quilten von Hand empfehle ich Baumwollgarn. Es is sehr griffig und in unterschiedlichen Stärken und Qualitäten erhältlich. Sehr populär ist japanisches Sashiko-Garn. Es besteht aus mehreren Fäden, die nicht geteilt werden können.

Die Handhabung der Spulen kann sich unterscheiden, je nachdem, von welchem Hersteller deine Garne stammen. Unter Umständen muss die Spule in einer bestimmten Richtung auf den Garnhalter der Nähmaschine aufgesetzt werden (die Rolle hat ein Oben und ein Unten), damit sich das Garn sauber abspult. Und bei manchen Marken ist es besser, wenn das

1 Fil au Chinois

2 Wonderfil

3 Glide

4 Poly Sheen von Mettler

5 Sashiko-Garn

6 Aurifil 12 wt

7 Ito-Garne

8 Finca Perle No.12

9 Polyestergarn von Gütermann

Garn beim Maschinennähen aus der waagerechten Position abgerollt wird.

Garne in neutralen Farbtönen wie Beige, Hellgrau oder Hellbraun sind für das Zusammennähen bunter Patchworkstoffe am besten geeignet.

Beim Maschinenquilten wird meistens etwas dünneres Polyestergarn in passenden Farben verwendet.

Ich finde das Experimentieren mit verschiedenen Garnen beim Quilten sehr spannend. Die riesige Auswahl an dünneren, dickeren, farbigen, transparenten oder glänzenden (Effekt-)Garnen lädt zu kreativen Abenteuern geradezu ein.

Für die Angabe von Garnstärken gibt es kein einheitliches System. Als Faustregel gilt: Je niedriger die Nummer, desto stärker der Faden.

10 Sticktwists oder Stickgarne

11 Sulky von Gütermann

12 Perlgarn von MEZ

13 Metallicgarn von MADEIRA

14 Invisible, Metallic, Glamour- und Monofil-Garn

15 Garn von Smart-Thread

16 Polyestergarn von Gütermann

NADELN

HANDNÄHNADELN

Handnähnadeln gibt es in den unterschiedlichsten Größen und Ausführungen. Im Allgemeinen gilt: Je höher die Nummer, desto feiner die Nadel. Am besten probierst du aus, mit welchen Nadeln du am besten zurechtkommst.

Stumpfe oder krumme Nadeln solltest du austauschen; damit macht das Arbeiten keinen Spaß.

1 Universalnadel (Sharp Needle): mittellange Nadel mit scharfer Spitze und kleinem Öhr

2 Applizíernadel: Nadel mit scharfer Spitze, länger und dünner als eine Quiltnadel

3 Quiltnadel: Nadel mit verjüngender Spitze und ovalem Öhr, mit der sich präzise arbeiten lässt

4 Sticknadel (Embroidery Needle): Nadel mit relativ großem Öhr (das erleichtert das Einfädeln des Garns)

5 Patentnadel (Easy Thread): Nadel mit offenem Öhr (der Faden wird von oben eingedrückt) zum Vernähen der Fadenenden

6 Sashiko-Nadel: schlanke, mindestens 5 cm lange Nadel mit flachem Öhr

7 Gobelinnadel: Nadel mit stumpfer Spitze und länglichem Öhr, wird häufig zum Sticken verwendet

8 Chenille-Nadel: Nadel mit scharfer Spitze und breitem, flachem Öhr, wird meist für Stickarbeiten verwendet

MASCHINENNADELN

Maschinennadeln sollten nach etwa 8 bis 10 Arbeitsstunden ausgewechselt werden. Lässt das Nahtbild nach einem Wechsel zu wünschen übrig, kontrolliere, ob du die Nadel tief genug eingesetzt hast.

Nähmaschinennadeln sind in Stärken von 60 bis 130 erhältlich. Je niedriger die Nummer, desto dünner die Nadel.

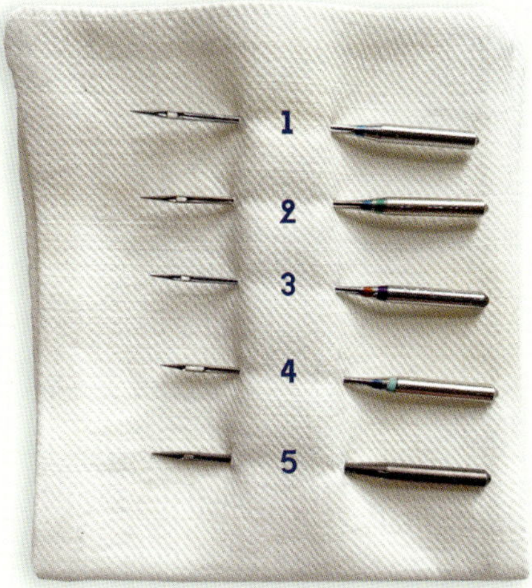

1 Universalnadel: Nadel mit leicht gerundeter Nadelspitze; für alle normalen Näharbeiten geeignet

2 Steppnadel (Quiltnadel): Nadel mit schlanker, leicht gerundeter Spitze, die leicht durch mehrere Stofflagen dringt, ohne die Materialien zu beschädigen

3 Microtex-Nadel: Nadel mit besonders spitzer und schlanker Spitze – sie ermöglicht sehr gerade Stiche und ist ideal für feine, dicht gewebte oder beschichtete Materialien

4 Metallic-Nadel: Nadel mit besonders langem Öhr – für Effekt-, Metallic- oder Spezialgarn

5 Super-Universalnadel: Nadel mit leicht gerundeter Spitze, relativ großem Öhr und Antihaftbeschichtung, sodass selbst klebendes Vlies oder Reste von Kleber weniger haften bleiben

Federsticknadel: Die Feder, die um die Nadel liegt, übernimmt beim Sticken die Funktion des Nähfußes und ermöglicht eine bessere Sicht auf das Nähgut.

Jerseynadel: Nadel mit kugelförmiger Spitze
Stretchnadel: Nadel mit kugelförmiger Spitze und Hohlkehle unter dem Öhr
Jeansnadel: Nadel mit kugelförmiger Spitze und verstärktem Schaft
Ledernadel: Nadel mit Schneidespitze, wird nur selten zum Patchworken und Quilten verwendet

DER QUILTKNOTEN

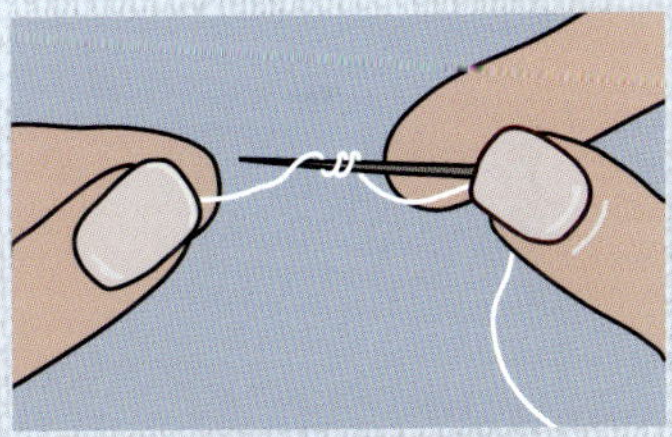

Halte die eingefädelte Nadel in der rechten Hand zwischen Daumen und Zeigefinger, und lege das Ende des Fadens so über die Nadel, dass ca. 2 cm überstehen. Klemme das Fadenende fest zwischen rechten Daumen und Zeigefinger, wickle das Ende dreimal um die Nadel und ziehe diese dann mit der linken Hand durch die Schlingen, sodass am Fadenende ein Knoten entsteht. Es gibt auf YouTube viele Videos dazu, suche einfach unter dem Stichwort *Quilters Knot.*

WATTIERUNG

Als Wattierung für deinen Quilt benötigst du ein Volumenvlies. Die Auswahl an Vliesen aus unterschiedlichen Fasern und in unterschiedlichen Stärken ist groß. Es gibt Vliese aus:

Baumwolle
Polyester
Wolle
Seide
Soja
Bambus
teilweise recyceltem Polyester

Oft werden auch Fasern vermischt. Das Mischverhältnis ist dann angegeben. So bedeutet die Angabe „80/20", dass 80 % von der einen Faser und 20 % von der andern enthalten sind.

Vlies wird bei der Herstellung genadelt oder geklebt. Genadelte Vliese sollten in der gleichen Richtung gequiltet werden, wie sie hergestellt wurden, damit weniger

Genadeltes Vlies

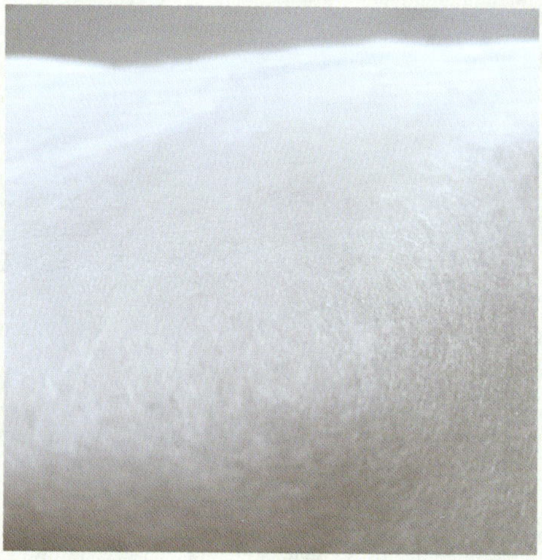

Geklebtes Vlies

Vliesfasern an die Quiltoberfläche gezogen werden. Du kannst die Perforationen der Unterseite sehr gut erfühlen, wenn du mit den Fingern darüberstreichst.
Bei geklebten Vliesen spielt es keine Rolle, welche Seite oben liegt.

Sehr dickes Vlies eignet sich nicht zum Quilten, weil das Sandwich enorm dick wird und die Lagen sich leicht gegeneinander verschieben.

Ich bevorzuge Vlies aus reiner Baumwolle, weil es nicht fusselt und geruchsneutral ist. Es wärmt wunderbar, obwohl es nicht sehr dick ist, läuft beim Waschen nicht nennenswert ein, lässt sich sehr gut verarbeiten und hat eine angenehme Haptik.

Um die Qualität eines Vlieses zu testen, versuche, die Lagen zwischen Daumen und Zeigefinger zu verschieben. Ist das möglich, ist das Vlies minderwertig und sollte nicht verwendet werden.

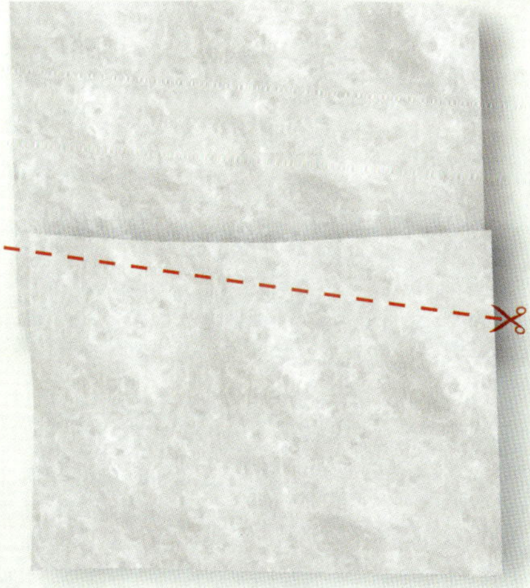

Wenn das Vlies nicht breit genug ist, setze ich zwei Stücke wie folgt zusammen: Ich lege die zwei Vliesstücke so übereinander, dass sie breit genug sind für den Quilt, und schneide schräg durch die beiden sich überlappenden Stücke, sodass ich beide erfasse. Dann passen die beiden Teile auch wirklich zusammen.

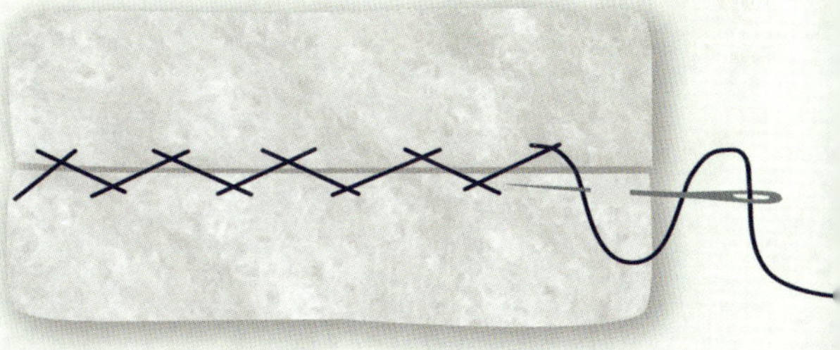

Die beiden Schnittkanten lege ich Stoß an Stoß und verbinde sie mit einem Hexenstich. Ich wähle diesen Weg, damit die Stoßkante später optisch und haptisch nicht bemerkbar ist.

NÄHMASCHINE

Die Wahl einer Nähmaschine will gut überlegt sein. Ein bisschen ist es wie beim Autokauf: Es kommt darauf an, mit welchem Modell man gute Erfahrungen gemacht hat, welche Ausstattung man bevorzugt und ob es vor Ort einen guten Kunden- und Reparaturdienst gibt. Wer bereits eine Maschine besitzt, braucht sich über einen Neukauf keine Gedanken zu machen – auch ältere Maschinen erfüllen ihren Zweck, vorausgesetzt, sie werden gut gepflegt.

Eine Nähmaschine kaufst du am besten beim Fachhändler, der dich beraten und auf deine Fragen und technischen Probleme mit der Maschine eingehen kann – auch nach dem Kauf. Ehe du dich für ein Modell entscheidest, solltest du es ausprobieren.Ich kaufe gerne nicht nur eine Maschine, sondern auch die Erklärungen, wie ich sie bediene.

Voraussetzung für ein gelungenes Nahtbild ist neben einer richtig eingesetzten und nicht abgenutzten Nadel auch die richtige Fadenspannung. Da die Fadenspannung an jedem Maschinenmodell anders eingestellt wird, kommst du nicht umhin, dich mit der Betriebsanleitung auseinanderzusetzen.
Bei optimal eingestellter Fadenspannung sieht das Nahtbild aus wie in Abb. 1. Ober- und Unterfaden sind so miteinander verschlungen, dass beide flach aufliegen und der Unterfaden nicht auf der Oberseite und der Oberfaden nicht auf der Unterseite zu sehen ist.

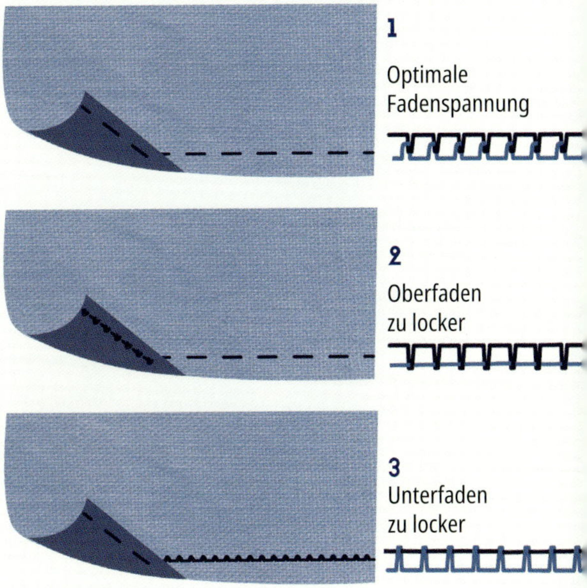

Ehe du ein neues Projekt startest, solltest du an einem Probestück ausprobieren, ob die Fadenspannung stimmt und das Nahtbild gut aussieht. Wenn du ein Garn zum ersten Mal verwendest oder ein Sandwich quilten willst, das dicker oder dünner ist als üblich, empfiehlt es sich, an einem Probestück verschiedene Fadenspannungen auszutesten. Die jeweiligen Einstellungen kannst du neben die entsprechende Naht schreiben. So siehst du immer auf Anhieb, welche Einstellung optimal ist.

Die Stichlänge ist der Abstand zwischen zwei Einstichen.
Die Grundeinstellung für die Stichlänge liegt in der Regel bei 2–3 mm.

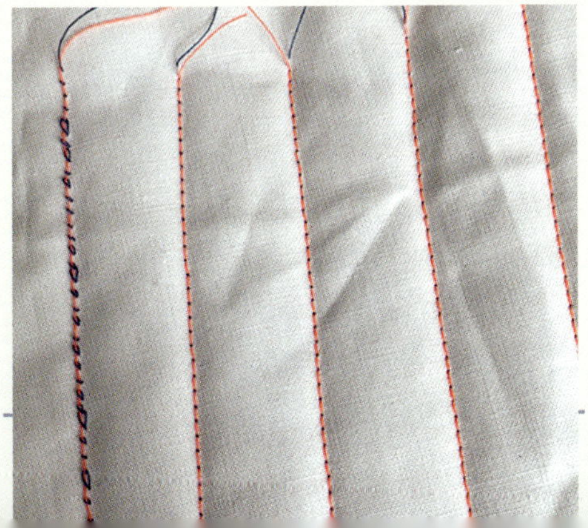

Probestück zur Optimierung der Fadenspannung

NÄHMASCHINEN-ABC

Die folgenden Extras und Funktionen erleichtern das Nähen.

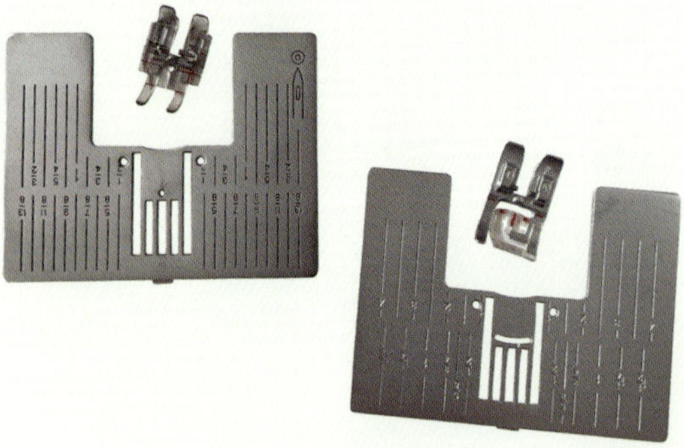

Stichplatte – Je nach Hersteller und Nähmaschinenmodell kann zwischen Stichplatten mit Einstichloch (links) oder mit Schlitz (rechts) gewechselt werden. Die Stichplatte mit Loch kann nur für gerade Stiche verwendet werden, die sehr genau werden, weil der Stoff nicht nach unten gezogen werden kann. Die Stichplatte mit Schlitz benötigt man beispielsweise für Zickzack- oder Zierstiche.

Stichregulator – Er erfasst die Geschwindigkeit, mit der man den Stoff beim Freihandquilten bewegt, und passt die Stichgeschwindigkeit entsprechend an. So entsteht ohne viel Übung ein gleichmäßiges Nahtbild.

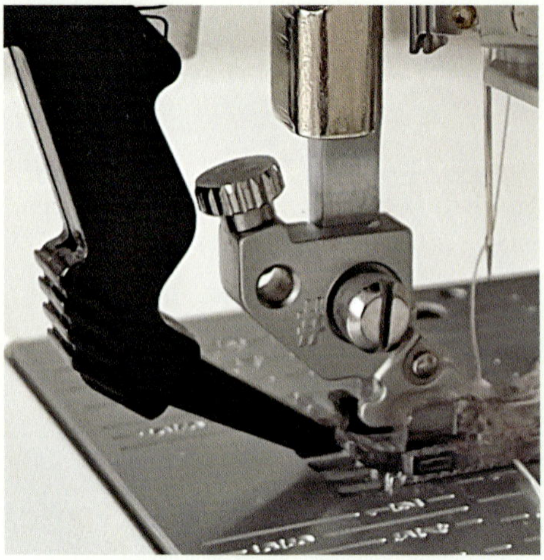

Obertransportfuß – Manche Maschinen haben zusätzlich zum Transporteur einen Obertransportfuß, der verhindert, dass sich beim Nähen mehrerer Lagen die Stoffe gegeneinander verschieben.

Freihandnähfunktion – Bei dieser Funktion wird der Nähtransport ausgeschaltet, sodass das Nähgut von Hand verschoben werden kann (Freihandquilten).

Nadelstoppfunktion – Mit dieser Funktion lässt sich einstellen, in welcher Position die Nadel stehen bleibt, wenn man während des Nähens stoppt. Bleibt sie unten, kann der Stoff z.B. beim Drehen nicht verrutschen.

Automatischer **Fadenabschneider** – Gerade bei kleinteiligen Arbeiten wie beispielsweise dem Nähen auf Papier (siehe FPP) spart man viel Zeit, wenn man die Fäden nicht jedes Mal von Hand abschneiden muss. Der Fadenabschneider schneidet die Fäden in der Länge ab, die erforderlich ist, damit sie beim Weiternähen nicht aus dem Öhr rutschen.

Nähgeschwindigkeit – Manchmal (beispielsweise bei Verwendung von Spezialgarnen) empfiehlt sich das Einstellen einer relativ langsamen Nähgeschwindigkeit.

Kniehebel – Er kann als dritte Hand dienen, um den Nähfuß zu senken, während die Hände das Nähgut festhalten.

Beleuchtung – Ein gut beleuchteter Arbeitsplatz schont die Augen und erleichtert das Arbeiten.

Großer Durchlass – Ein großer Durchlass erleichtert das Arbeiten an großen Quilts.

Freiarm – Kann der Nähtisch abgenommen werden, hat man mehr Bewegungsfreiheit beim Nähen. Für Rundnähte an Ärmeln oder Hosenbeinen ein Muss.

Nadeleinfädler – Für Ungeduldige oder Weitsichtige eine große Erleichterung (wenn das Nadelöhr nicht zu klein ist).

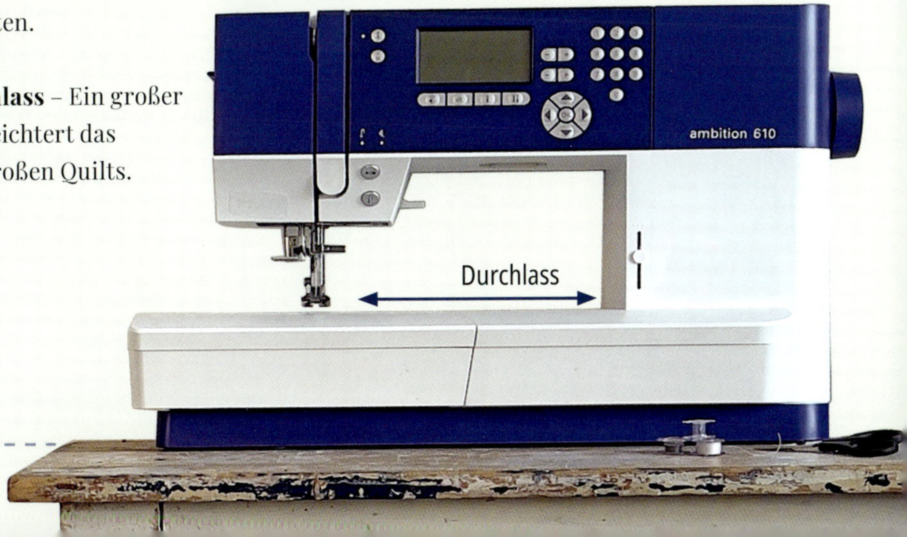

PALETTE PERFECT
Lauren Wager
HOAKI
SOLOMON
A FIELD GUIDE TO COLOR
A WATERCOLOR WORKBOOK
配色事典
大正・昭和の色彩ノート
TEXTILEPEDIA
THE COMPLETE FABRIC GUIDE
FASHIONARY
BELTZ & Gelberg
Atelier Flora
Alles Farbe!
JOSEF ALBERS
Von Quadraten & anderen Formen
LERNEN mit GROSSEN KÜNSTLERN
Josef Albers
Interaction of Color
REVISED AND EXPANDED EDITION
Johannes Itten Kunst der Farbe
DUMONT
FARBENLEHRE
Ein Schnellkurs
BLACK
VALENTINA ZUCCHI & FRANCESCA ZOBOLI
WHITE
VALENTINA ZUCCHI & FRANCESCA ZOBOLI

FARBEN

Seit Jahrhunderten beschäftigen sich Wissenschaftler:innen und Künstler:innen mit Farben – ihrer Zusammensetzung, ihrer Wirkung, ihren physikalischen Eigenschaften usw. Sie nehmen dabei jeweils unterschiedliche Perspektiven ein. Die einen verfolgen physikalisch-wissenschaftliche, die anderen künstlerisch-ästhetische Ansätze.

Für die Ausdrucksform eines Quilts spielt die Wahl der Stofffarbe eine größere Rolle als das Patchworkmuster, die Technik oder deren Ausführung, egal, ob die Farben bewusst oder intuitiv ausgewählt wurden.

Oft wählt und kombiniert man Farben unbewusst – sie spiegeln dann die jeweilige Stimmung oder Gemütslage wider. Die Herausforderung bei einem Patchworkprojekt besteht in der Wahl zueinander passender Farben und Stoffe.

Im Gegensatz zur Malerei, in der fast jeder gewünschte Farbton angemischt werden kann, ist man beim Patchworken auf verfügbare Stofffarben angewiesen. Allerdings bietet Stoff in diversen Mustern eine riesige Auswahl an Gestaltungsmöglichkeiten.

fröhlich

herbstlich

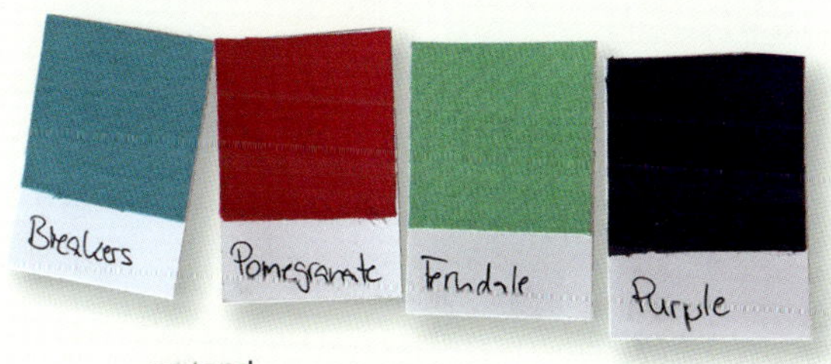

wutend

Meine Farbwahl für unterschiedliche Stimmungen – deine kann vollkommen anders sein.

DREI FARBMERKMALE

- Der reine Farbton (Hue) aus dem Farbkreis, ohne Zumischung von Weiß oder Schwarz.

- Unterschiedliche Tonwerte (Values), die sich durch Zumischen von Weiß oder Schwarz ergeben.

- Die Sättigung (Saturation) beschreibt, wie intensiv, strahlend und brillant ein Farbton ist.

Um die Tonwerte von Stoffen zu vergleichen und zuzuordnen, kannst du ein Farbfoto machen und es anschließend in der Schwarz-Weiß-Ansicht betrachten.

Die Sättigung ist umso höher, je weniger Grau eine Farbe enthält. Graue Farbtöne sind ziemlich neutral und eignen sich zum Dämpfen oder Hervorheben von Kontrasten.

FAUSTREGELN ZUR WIRKUNG VON FARBEN

- Je heller die Tonwerte, desto fröhlicher, leichter und freundlicher wirken die Farben.
- Je dunkler die Tonwerte, desto düsterer und geheimnisvoller wirken die Farben.
- Zu viele reine Farben auf kleinem Raum irritieren das Auge.
- Miteinander verwandte Farben erzeugen einen Eindruck von Ruhe und Harmonie.
- Gesättigte Farben wirken kraftvoll, lebhaft und präsenter als Farben mit geringer Sättigung.
- Tonwertverläufe können zur Darstellung von Dreidimensionalität verwendet werden.
- Lebhafte Farben und bunte Zusammenstellungen fallen eher ins Auge als Grautöne oder monochrome Farbkombinationen.
- Primärfarben ziehen mehr Aufmerksamkeit auf sich als Sekundärfarben.
- Warme Farben wirken präsenter als kalte Farben.

GRUNDLAGEN DER FARBENLEHRE

Der Farbkreis
Der Farbkreis beschreibt die abstrakten Zusammenhänge der Farben. Er enthält zum einen die sogenannten Primärfarben und zum anderen einen Teil der Farben, die sich daraus mischen lassen.

Primärfarben
Rot, Blau, Gelb

Sekundärfarben – aus jeweils zwei Primärfarben gemischt:
Violett, Grün, Orange

Tertiärfarben – aus jeweils einer Primärfarbe und einer Sekundärfarbe gemischt:
Rotviolett, Blauviolett, Blaugrün, Gelbgrün, Gelborange, Rotorange

Komplementärfarben
Farben, die sich im Farbkreis gegenüberliegen (z.B. Rot und Grün).

Analoge Farben
Farben, die im Farbkreis nebeneinanderliegen (z.B. Gelborange und Gelb)

Monochrome Farben
Alle Nuancen und Tonwerte eines einzelnen Farbtons

Warme Farben
Farben mit einem hohen Anteil an Gelb und Rot

Kalte Farben
Farben mit einem hohen Blauanteil

QUILT-ENGLISCH

Hue – der reine Farbton, ohne Zumischung von Weiß oder Schwarz

Saturation, Intensity – Sättigung

Brightness – Helligkeit

Value – Tonwert

Opaque Colors – deckende Farben

Off-White – Cremefarben

Tans – Brauntöne

Glowing Colors – leuchtende Farben

Flat Colors – stumpfe Farben

ENTSCHEIDUNGSHILFE

Weniger ist oft mehr: Bei der Farbwahl für einen Quilt solltest du einen Schwerpunkt setzen und dich für ein, maximal zwei Farbschemata entscheiden. Du kannst z.B.

- **nur klare Farben**

- **analoge Farben** oder

- **komplementäre Farben**

verwenden.

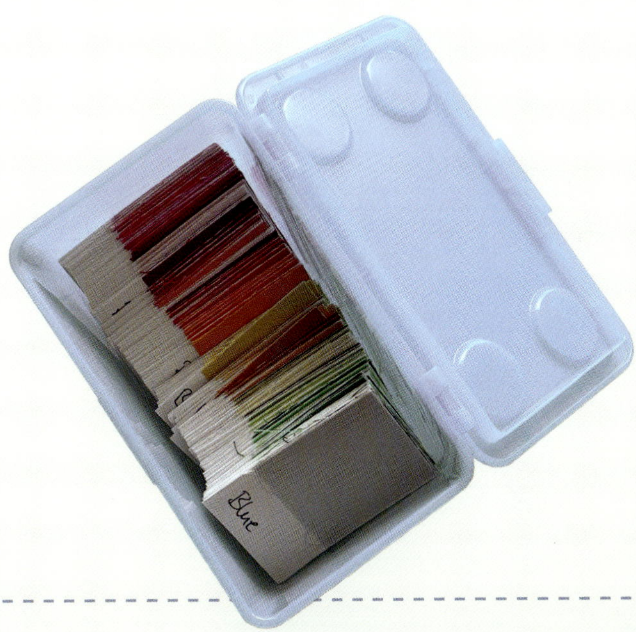

Viele Wissenschaftler:innen und Künstler:innen haben sich mit der Farbenlehre auseinandergesetzt, unter ihnen Leonardo da Vinci, Isaac Newton, Hermann von Helmholtz, Johann Wolfgang von Goethe, Johannes Itten, Albert Henry Munsell, Anni Albers und Harald Küppers.

PATCHWORK-TECHNIKEN

WIR STARTEN!

Jetzt kann es losgehen, wir fangen an, die Stoffstücke zuzuschneiden. Dazu benötigen wir einen Rollschneider; seine Handhabung wird gleich zu Beginn des Kapitels erklärt.
Dann werden die Stoffstücke neu zusammengefügt, also gepatcht. Hierfür gibt es viele Techniken: vom Kombinieren einfacher quadratischer Stoffstücke über das Improvisieren mit Stoffstücken, die in freier Schneidetechnik entstanden sind, bis hin zur Englischen Papiermethode, die sich für komplexe Formen eignet. Einige Techniken werden von Hand ausgeführt, andere mit der Maschine. Und für alle Techniken gibt es Tricks und Kniffe, die in diesem Kapitel Schritt für Schritt erklärt werden. Am Ende ist das Quilttop – also die Quiltoberseite – erstellt, und wir beginnen zu quilten.

ARBEITEN MIT DEM ROLLSCHNEIDER

Für exaktes und effizientes Schneiden von Stoff ist der Rollschneider perfekt.

Rollschneider gibt es in verschiedenen Größen. Die gängigste Variante hat eine Klinge mit einem Durchmesser von 45 mm. Wenn du dir einen Rollschneider zulegen möchtest, solltest du vor dem Kauf ausprobieren, welches Modell dir am besten in der Hand liegt.

Rollschneider mit größeren Klingen eignen sich zum Schneiden größerer Stoffstapel sowie für lange, gerade Schnitte. Rollschneider mit kleineren Klingen sind wendiger und von daher besser für (enge) Kurvenschnitte geeignet.

- Wenn ein Stoff in verschieden große Stücke geschnitten werden soll, schneide die größte Form zuerst und die kleinste zuletzt zu.
- Damit der Stoff sich nicht verzieht, achte darauf, dass du ihn möglichst exakt im Fadenlauf zuschneidest.
- Die Klinge muss scharf sein. Spätestens dann, wenn sie an einer wiederkehrenden Stelle nicht mehr schneidet, sollte sie getauscht werden.
- Rollschneider nie mit offener Klinge ablegen.
- Die Finger der freien Hand beim Schneiden immer auf das Lineal legen, damit sie nicht unter die Schneide gelangen.
- Ersatzklingen sind mit einem Ölfilm überzogen und kleben in der Packung meist aneinander.
- Wird die Schraube des Rollschneiders nach dem Auswechseln der Klinge zu fest angezogen, dreht die Klinge sich nicht mehr; sitzt die Schraube zu locker, hat die Klinge beim Schneiden zu viel Spiel und eiert.
  - Alte Klingen können zum Schneiden von Papier verwendet werden.
  - Minderwertige Schneidematten verkürzen die Lebensdauer der Klingen.

- Schneidematten verformen sich durch Einwirkung von Wärme, z.B., wenn sie an einem sonnigen Tag zu lange im Auto liegen.
- Schneidematten sollten nicht gerollt aufbewahrt werden.
- Stecknadeln haben auf der Schneidematte nichts verloren.
- Zum Schneiden großer Mengen Stoff die Schneidematte am besten auf einen Arbeitstisch in ergonomisch günstiger Höhe legen.
- Der Stoff sollte zum Schneiden faltenfrei liegen bzw. gebügelt sein.
- Um dir wiederkehrende Schnitte zu erleichtern, kannst du dir mit Malerkrepp Markierungen auf das Lineal kleben.

Wenn dir das Auswechseln der Klinge Kopfzerbrechen bereitet, fotografiere die wichtigsten Arbeitsschritte beim Auseinandernehmen des Rollschneiders, damit du ihn anschließend wieder richtig zusammenbauen kannst.

Für ein exaktes Schnittbild muss die Klinge am Lineal anliegend geführt werden. Rechtshänder:innen führen den Rollschneider mit der rechten und halten das Lineal mit der linken Hand.

Optimal schneidet der Rollschneider, wenn die Klinge senkrecht steht und der Griff in einem Winkel von etwa 45 Grad zur Schneidematte geführt wird.

Da die Klinge des Rollschneiders für ein exaktes Schneiden immer sauber am Lineal anliegen muss, gilt Folgendes: Es wird nur an der äußeren und oberen Kante des Lineals geschnitten, dadurch ist die Klinge immer im Sichtbereich.

Damit das Lineal beim Schneiden nicht verrutscht, muss die linke Hand bei längeren Schnitten mitwandern.

LINKSHÄNDER:INNEN:
Rollschneider sind für Rechts- und Linkshänder:innen geeignet, denn sie lassen sich umbauen bzw. drehen, sodass auch mit der linken Hand geschnitten werden kann. Abbildungen und Anleitungen in diesem Buch sind für Rechtshänder:innen konzipiert. Linkshänder:innen arbeiten anders herum.

STOFF BEGRADIGEN

Webkante auf Webkante falten und den Stoff mit der Bruchkante nach unten faltenfrei auf die Schneidematte legen.

Die kurze Seite des Lineals am Stoffbruch ausrichten.

Das Lineal mit der linken Hand auf den Stoff drücken und mit der rechten Hand bis auf Höhe der Fingerspitzen schneiden. Den Rollschneider dabei vom Körper weg am Lineal entlangführen und nicht anheben. Mit dem Daumen der linken Hand zu den Fingerspitzen wandern, die Finger anheben und weiter oben wieder aufsetzen, das Lineal andrücken und weiterschneiden.

Die Stoffkante ist nun begradigt.

BEGRADIGTEN STOFF AUF MASS SCHNEIDEN

Die Matte drehen (oder um den Tisch herumgehen). Den Stoff nicht anheben oder verschieben. An der begradigten Seite das Lineal mit dem gewünschten Maß ausrichten.

Mehr als einmal sollte der Stoff zum Schneiden nicht gefaltet werden. Je mehr Lagen Stoff du auf einmal schneidest, umso ungenauer werden die Schnitte.

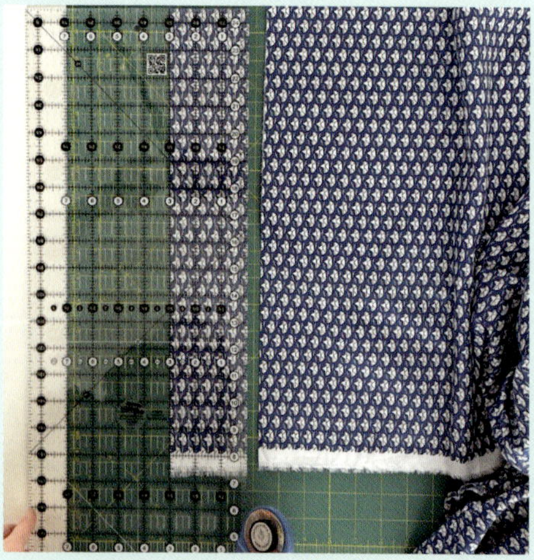

Der erfolgreich ausgeführte Schnitt – es wird immer vom Körper weg geschnitten.

Nun ist der Stoffstreifen auf Maß geschnitten.

RECHTECKE UND QUADRATE AUS STREIFEN SCHNEIDEN

Die Bruchkante liegt links, und die rechte Seite des Streifens wird begradigt.

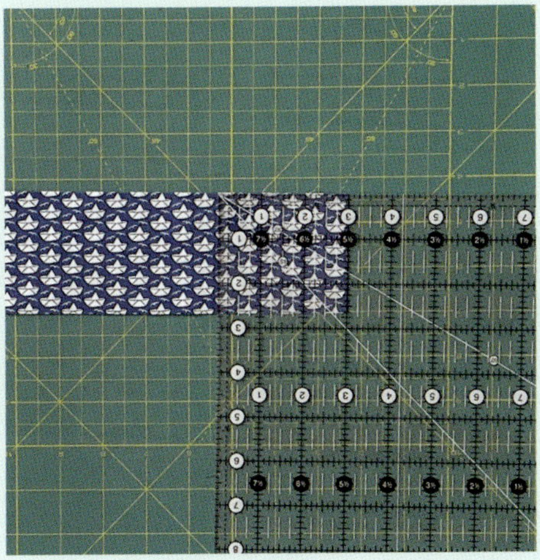

Das Lineal mit dem gewünschten Maß an der begradigten Kante ausrichten.

Schneiden.

So entstehen sehr schnell viele Rechtecke oder Quadrate. Sollen sie exakt sein, muss die rechte Kante immer wieder begradigt werden.

DREIECKE AUS QUADRATEN SCHNEIDEN

Das Lineal in der Diagonalen auflegen und immer fest auf den Stoff drücken, damit es nicht verrutscht.

EIN QUADRAT ODER RECHTECK AUS EINEM GROSSEN STOFF-STÜCK HERAUSSCHNEIDEN

Das Lineal mit etwas Maßzugabe anlegen.
Den Rollschneider beim Schneiden von außen nach innen führen.
Die Matte drehen, das Lineal gemäß der gewünschten Endmaße an den beschnittenen Kanten anlegen und trimmen.

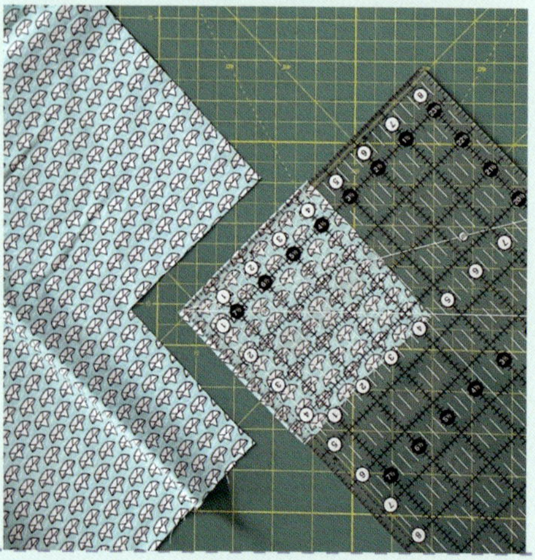

RUNDE FORMEN MITHILFE VON ACRYLSCHABLONEN SCHNEIDEN

Die Schablone beim Schneiden fest auf die Matte drücken. Für enge Radien einen Rollschneider mit einer kleineren Klinge wählen. Zum Ändern der Schnittrichtung die Matte drehen oder um sie herumgehen.

BLÖCKE RECHTWINKLIG BEGRADIGEN

Ist das Lineal größer als der Block, muss in zwei Schritten geschnitten werden.

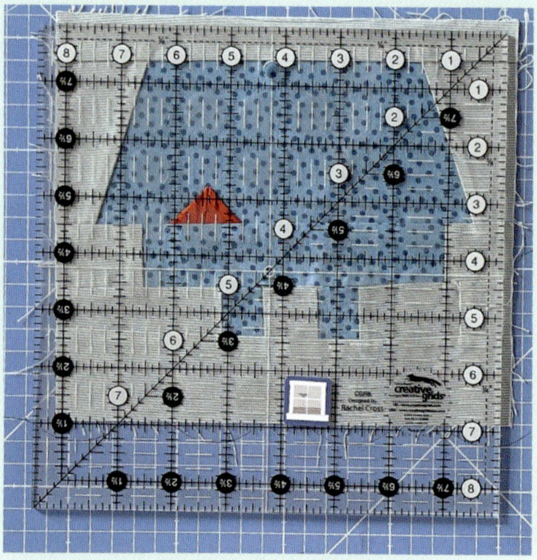

Richte das Lineal aus ...

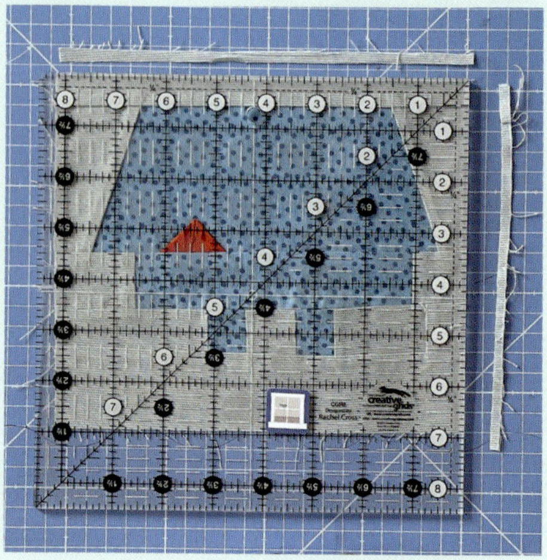

... und trimme die ersten beiden Kanten auf Maß.

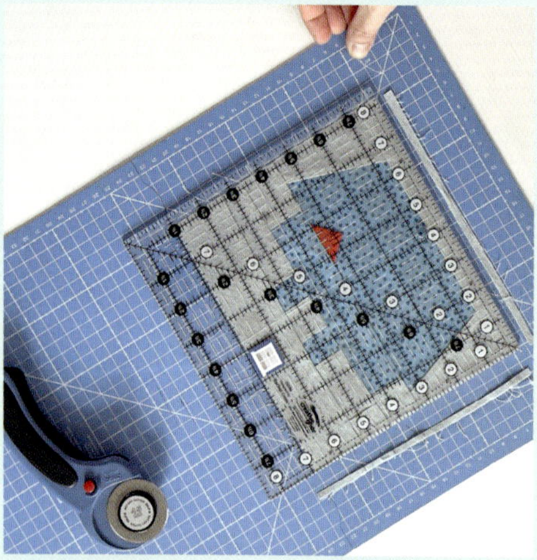

Drehe die Matte oder gehe um den Tisch herum, denn der Block sollte beim Begradigen nicht verschoben werden.

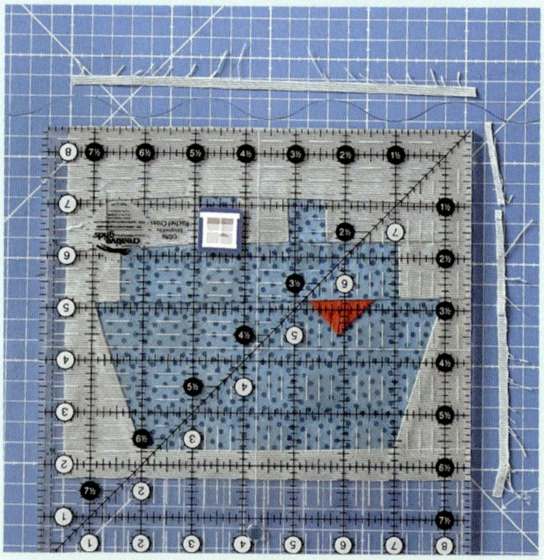

Richte das Lineal aus und trimme die beiden anderen Kanten auf Maß.

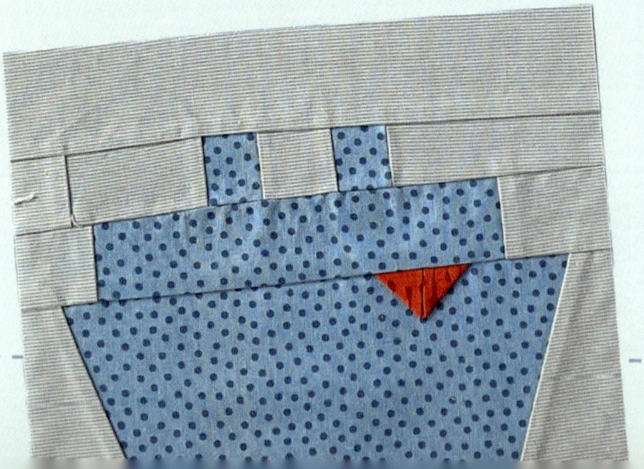

QUILT-ENGLISCH

Piecen/Patchen:
Stoffstücke durch Aneinandernähen zusammenfügen.

PATCHEN

Die einfachste Form des Patchworkens ist das Patchen quadratischer Stoffstücke. Hast du die Grundregeln erst einmal verinnerlicht, kannst du sie bei jedem weiteren Projekt anwenden.

Als Beispiel dient hier ein Muster aus Quadraten in drei unterschiedlichen Größen. Jeder Block soll ein bedrucktes Stoffstück (dieses hier ist 6 x 6 Inch groß) enthalten. Die Quadrate sind 6 x 6, 4 x 4 und 2 x 2 Inch groß. Das kleine Quadrat entspricht also einem Neuntel und das mittlere Quadrat vier Neunteln des großen Quadrats. Nach diesem Schema können die Maße der Quadrate beliebig verändert werden.

Beim Zuschnitt der Quadrate ist eine Nahtzugabe von jeweils ½ Inch pro Breite und Länge (aber nicht pro Kante) einzurechnen.
Du solltest die Quadrate immer im Fadenlauf zuschneiden, damit sich der Stoff beim Nähen nicht verzieht.

Du kannst die Vorlagen unter www.haupt.ch/patchworken-quilten/downloaden.

Mögliche Anordnungen der Quadrate im Block lassen sich analog oder digital austesten. Optischer Schwerpunkt ist hier immer ein großes bedrucktes Quadrat (hier blau), das von kleineren einfarbigen Quadraten umgeben ist.

Aus den zugeschnittenen Quadraten lege ich links neben die Nähmaschine den ersten Block. Er wird später 12 x 12 Inch messen. Wenn mir die Komposition gefällt, nähe ich die Stoffquadrate zusammen.

Hierfür teile ich den Block in zwei Teile auf – an dieser Stelle verläuft am Ende die zuletzt zu nähende Naht. Dann unterteile ich weiter in immer kleinere Einheiten, bis ich mit der ersten Naht beginnen kann.

Den geplanten Block teile ich Stück für Stück in kleinere Einheiten, die sich sinnvoll zusammennähen lassen.

MACH EIN FOTO!
Es kann hilfreich sein, das Arrangement mit dem Handy zu fotografieren. Kommst du beim Nähen durcheinander, kannst du nachsehen, welches Quadrat wo hingehört.

KETTE NÄHEN

In Kette nähen bedeutet, Stoffteile fortlaufend hintereinander zusammenzunähen, ohne zwischendurch die Fäden abzuschneiden. Ich starte mit einem doppelt gelegten Stoffrest, senke den Nähfuß, wähle (falls vorhanden) die Einstellung „Nadel beim Stoppen unten", nähe bis über die Stoffkante und stoppe vor dem eigentlichen Nähgut. Das erste Pärchen, zwei rechts auf rechts gelegte Stoffquadrate, richte ich am Nähfuß mit ¼ Inch Nahtzugabe aus, und zwar so, dass die Nahtzugabe rechts und der restliche Stoff links liegt. Beim Nähen konzentriere ich mich auf das exakte Einhalten der Nahtzugabe, sodass die Naht gerade wird. Meine Augen sind dabei auf die Kante des Nähfußes gerichtet.

Sind die beiden ersten Stoffquadrate zusammengenäht, setze ich das nächste Pärchen an, nähe es zusammen usw.

Zum Schluss nähe ich einen weiteren Stoffrest an und schneide die Fäden zwischen den Stoffpärchen durch.

Da ich beim Zusammensetzen der Blöcke immer über eine schon vorhandene Naht nähe, erübrigt sich das Sichern von Nahtanfang und -ende.

Ich lege die Nahtzugaben ohne Regel in eine Richtung, bei hellem und dunklerem Stoff in Richtung des dunkleren, da sonst die Stoffkante durchschimmern könnte. Wo Nähte sich kreuzen, lege ich die Nahtzugaben in die jeweils entgegengesetzte Richtung. So treffen die Nähte an Nahtkreuzungen später exakt aufeinander.

Vor dem Nähen fixiere ich die Nahtkreuzungen mit Stecknadeln.

NICHT GANZ GENAU?

Messe dich nicht mit erfahrenen Patchworker:innen, die Nahtkreuze immer hundertprozentig exakt nähen. Trittst du drei Schritte zurück, gleicht das Auge kleinere Ungenauigkeiten problemlos aus; sie werden später niemandem mehr auffallen.

Den zusammengesetzten Block bügle ich nun von beiden Seiten. Bei Bedarf trimme ich ihn auf 12½ x 12½ Inch.

Die Blöcke arrangiere ich auf der Designwand so lange, bis mir die Komposition gefällt. Auf einem kleinen Handyfoto sehe ich besser, ob die Anordnung ausgewogen ist.

Die Blöcke nähe ich zunächst reihenweise aneinander. Dabei achte ich darauf, dass die Nahtkreuze exakt aufeinandertreffen. Stecknadeln sind eine gute Hilfe, vor allem bei längeren Reihen von Blöcken.
Es ist wichtig, die Rückseite der Nähte zu kontrollieren. Stellst du fest, dass eine Nahtzugabe, über die du schon genäht hast, nicht gut oder richtig liegt, trenne die Naht an dieser Stelle mit einem Nahttrenner auf, und nähe sie erneut mit richtig liegender Nahtzugabe. So wird die Quiltoberseite am Ende schön plan liegen.

DREIECKE

Es ist nicht ganz einfach, Dreiecke exakt zusammenzunähen. Die schrägen Kanten dehnen und verziehen sich gerne beim Zusammennähen. Es entstehen ungewollte Wellen, und die Größe verändert sich.

Beim Zuschnitt von Dreiecken achte unbedingt darauf, die beiden rechtwinklig aufeinandertreffenden Kanten im Fadenlauf zuzuschneiden, damit sich nur eine Kante verziehen kann.

QUILT-ENGLISCH

HST - Half-Square Triangle –
Halbquadrat-Dreieck
Quarter-Square Triangle –
Viertelquadrat-Dreieck

HALBQUADRAT-DREIECKE

Es bietet sich an, die Dreiecke aus Quadraten zu nähen. Dafür schneidest du zwei Quadrate jeweils 1 Inch größer als das Endmaß zu, also zum Beispiel 5 x 5 Inch für ein Endmaß von 4 x 4 Inch.

Lege die beiden Quadrate rechts auf rechts, und zeichne die Diagonale an.

Nähe mit Nahtzugabe rechts und links an der Linie entlang.

Schneide die Quadrate an der Linie durch, und bügle die Nahtzugaben entweder zur Seite des dunkleren Stoffs oder auseinander, wenn du ganz sichergehen willst, dass sich nichts verzieht.

Trimme das Quadrat auf Maß.

VIERTELQUADRAT-DREIECKE

Viertelquadrat-Dreiecke werden genauso genäht wie Halbquadrat-Dreiecke. Dafür müssen die Anfangsquadrate 1,5 Inch größer als das spätere Endmaß zugeschnitten werden.

Lege zwei Blöcke aus Halbquadrat-Dreiecken rechts auf rechts, sodass die Nähte exakt aufeinandertreffen. Zeichne die Diagonale senkrecht zur Naht an.

Nähe mit Nahtzugabe links und rechts an der Linie entlang.

Schneide die Quadrate an der Linie durch und bügle die Nahtzugaben auseinander oder zu einer Seite.

Trimme das Quadrat auf Maß.

DREIECKE MITHILFE EINER PAPIERVORLAGE NÄHEN

Benötigst du viele exakte Halbquadrat-Dreiecke, kannst du mit einer Papiervorlage arbeiten.

Drucke die Vorlage in der benötigten Größe aus und hefte sie mit Stecknadeln auf die rechts auf rechts liegenden Stoffteile.

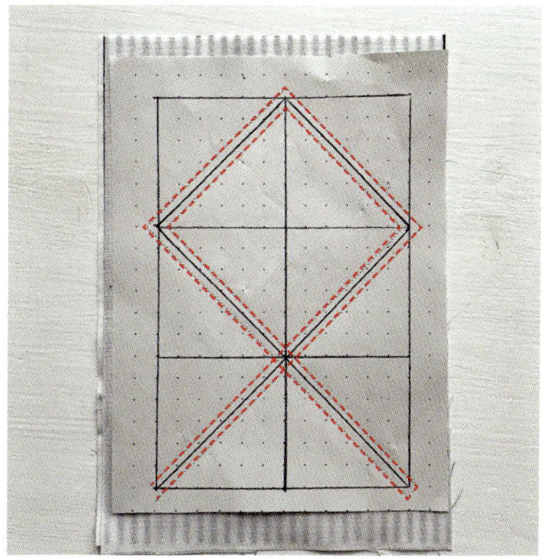

Nähe mit Nahtzugabe rechts und links an den Diagonalen entlang.

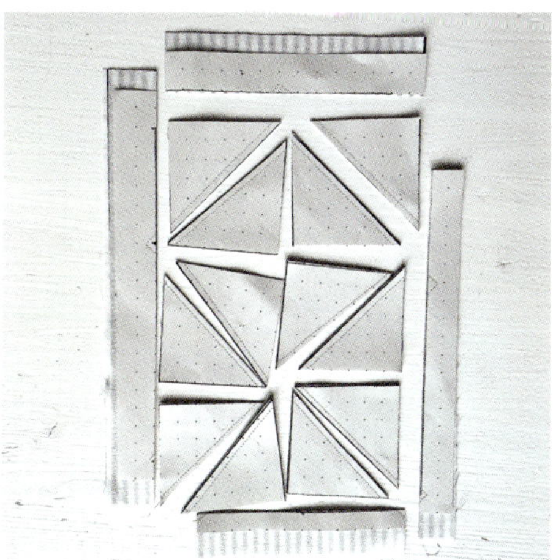

Schneide die überstehenden Ränder ab und schneide entlang der eingezeichneten Linien Quadrate und Dreiecke auseinander.

Entferne das Papier und bügle die Nahtzugaben entweder zu einer Seite oder auseinander.

FREIE SCHNEIDETECHNIK

Bei dieser Technik stehen die Form und die Wahl der Stoffkombinationen an erster Stelle und nicht die exakten Maße beim Zuschneiden und Zusammennähen.

Das Freihandschneiden wurde stark von der Kemptener Quilt-Künstlerin Bernadette Mayr geprägt. Sie hat viele auch etwas anspruchsvollere Muster, die mit dieser Technik entstanden sind, in ihren Büchern beschrieben.

Patchworker:innen, die gerne stoffsparend arbeiten, fällt die freie Schneidetechnik vermutlich schwer, denn es entsteht Stoffverschnitt.

BERNADETTE MAYR

arbeitet nach folgenden Regeln:

- Es wird nach Augenmaß geschnitten, nicht mithilfe eines Lineals.
- Nahtzugaben sind obligatorisch.
- Der erste genähte Block gibt die Größe der folgenden Blöcke vor.
- Ein zugeschnittenes Stück Stoff gibt die Form für die weiteren Zuschnitte vor.
- Zu große Stoffstücke werden beschnitten.
- Zu kleine Stoffstücke werden verlängert und/oder verbreitert.
- Geschnitten wird mit dem Rollschneider.
- Ziehen, Bügeln mit Dampf und Ausbessern sind erlaubt.

Für das folgende Beispiel habe ich vier ca. 6 x 6 Inch große Stoffquadrate in zwei unterschiedlichen Farben verwendet.

Ich lege die vier Quadrate (jeweils 2 pro Farbe) aufeinander und mache zwei senkrechte und zwei waagerechte Schnitte. Ich schneide frei Hand nach Augenmaß. Es ist wichtig, nicht zu dicht an der Außenkante zu schneiden, damit die spätere Naht beim Trimmen des Blocks nicht weggeschnitten werden muss. Ungeübte Näher:innen beginnen am besten mit möglichst geraden Schnitten, sodass es beim Zusammennähen keine Schwierigkeiten gibt.

Stoffstücke gleicher Form und Position werden nun getauscht, sodass Farbkombinationen entstehen, die Geometrie der Schnitte aber gleich bleibt. Die Blöcke lege ich links neben die Nähmaschine und nähe sie in Kette zusammen. Um nicht durcheinanderzugeraten, setze ich die Einzelteile immer in der gleichen Reihenfolge zusammen.

Die Nahtzugaben bügle ich bei allen Blöcken zur gleichen Seite. Die Blöcke trimme ich auf 4½ x 4½ Inch und hefte sie in einem wiederkehrenden Rhythmus an meine Designwand.
Die Blöcke nähe ich reihenweise aneinander, um dann die Reihen miteinander zu verbinden.

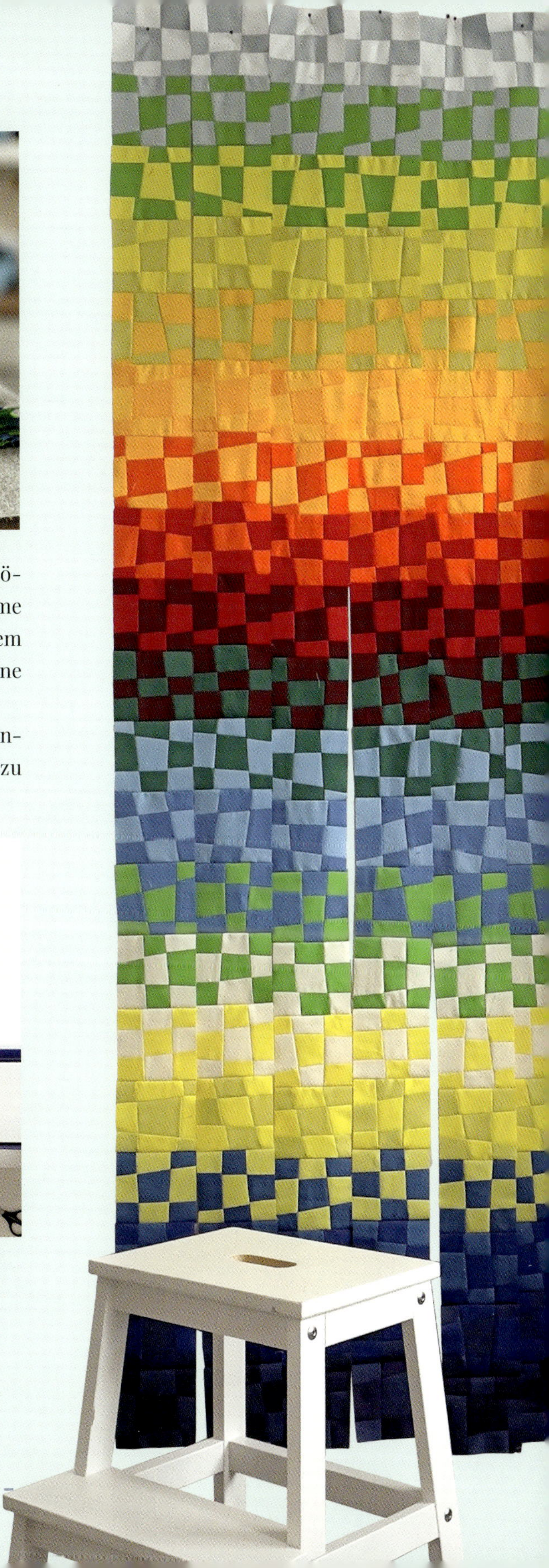

QUILT-ENGLISCH

Foundation Pieced Patchwork – Nähen auf Papier

Add A Quarter – ein Viertel (die Nahtzugabe) hinzufügen

FPP *Foundation Pieced Patchwork*

Diese Technik ermöglicht ein sehr genaues Ergebnis einer Konstruktion. Es wird auf Papier genäht, welches zum Schluss wieder entfernt wird.

Auf der Papierrückseite sind das Design (alle Einzelteile inklusive Nahtzugabe) und die Reihenfolge, in welcher genäht werden soll, eingezeichnet. Die Stoffstücke werden vorübergehend auf der Papiervorderseite fixiert. Genäht wird exakt auf den Linien der Papierrückseite. Zum Schluss wird das Papier wieder entfernt.

EXTRAS

- Add-A-Quarter-Lineal
- Feste Dokumentenhülle oder Postkarte
- Recyceltes Druckerpapier oder Freezer-Papier (erfordert eine spezielle Technik)

Das Konstruieren von FPP-Vorlagen ist eine anspruchsvolle Aufgabe. Anfänger:innen empfehle ich daher, mit einem gekauften Muster zu beginnen.

Zunächst werden die Papiervorlagen inklusive aller Nahtzugaben ausgeschnitten. Da jeder Form ein Buchstabe zugeordnet ist, lassen sich die Formen später leicht zusammensetzen. Die Ziffern geben an, in welcher Reihenfolge die Flächen gefüllt werden. Das Papier als Nähunterlage gewährleistet, dass der Stoff sich nicht verzieht.

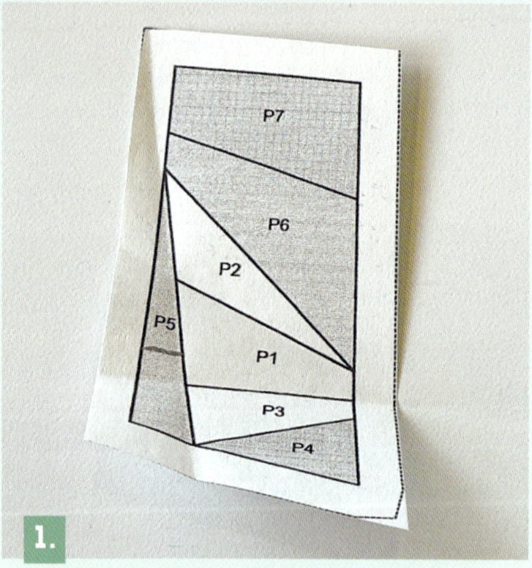

1.

Der Nähablauf ist prinzipiell immer der gleiche. Nach dem ersten Schritt wiederholen sich die weiteren Schritte immer wieder.

2.

Den Stoff für die erste Fläche (in diesem Beispiel P1) von links mit einem Textilklebestift auf der Rückseite der Papiervorlage fixieren. Das Stoffstück muss die Fläche an allen Seiten mindestens so weit überlappen, wie es der Nahtzugabe entspricht. Mit dem Klebstoff möglichst innerhalb der Nahtlinien bleiben.

Da das Papier später wieder entfernt werden muss, verwendest du für die Vorlagen am besten möglichst dünnes oder Recyclingpapier, da dieses kurze Fasern hat. Es empfiehlt sich, zum Nähen eine relativ kurze Stichlänge einzustellen. Ich nähe in der Regel mit einer Stichlänge von 1,5.

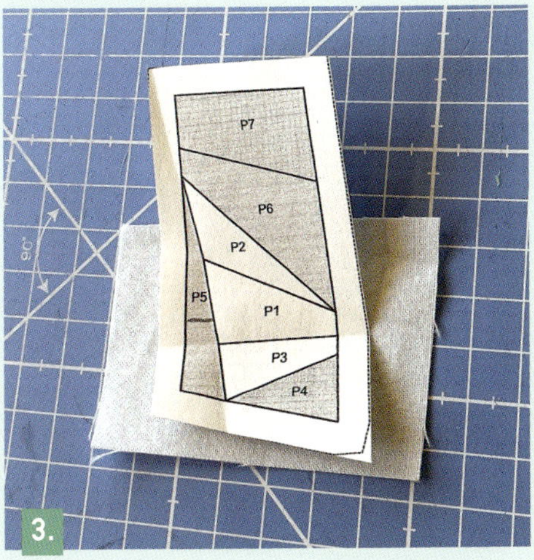

Die Vorlage umdrehen und mit dem Stoff nach unten auf die Schneidematte legen.

Die Karte (oder Dokumentenhülle) mit einer Kante an die Linie zur nächsthöher bezifferten Fläche (hier P2) legen und die Papiervorlage um die Kante falten.

Das Add-A-Quarter-Lineal an die gefaltete Kante legen und das überstehende Stück Stoff mit dem Rollschneider abschneiden.

Das **Add-A-Quarter-Lineal** hat einen 1/4 Inch breiten Wulst, der parallel zur Kante verläuft. Das ermöglicht sehr präzise Schnitte und ein effizientes Arbeiten.

6. Das Stoffstück für die Fläche, die als Nächstes gefüllt werden soll, entlang der soeben zugeschnittenen Kante rechts auf rechts auf das vorhandene Stoffstück legen. Das Stoffstück muss dabei die vorgesehene Form ausfüllen. Ungeübte Näher:innen können es mit Stecknadeln fixieren. Mit etwas Übung geht es auch ohne.

7. Die beiden Stoffstücke exakt auf der Linie zusammennähen, ohne über die Nahtzugabe zu nähen. Anfang und Ende der Naht verriegeln.

Verriegeln bedeutet, einen Nähmaschinenstich nach vorn, einen zurück und wieder einen nach vorn zu nähen, damit die Naht sich nicht lösen kann.

8. Die Stoffstücke auseinanderfalten und die Naht bügeln.

9. Die Karte (oder Dokumentenhülle) an die Linie zur nächsthöher bezifferten Fläche legen und die Papiervorlage umfalten.

Das Nähgut ohne Wasserdampf und nicht zu heiß bügeln, damit die Papiervorlagen nicht beschädigt werden.

10.

Das Add-A-Quarter Lineal anlegen und den überstehenden Stoff trimmen. Das Stoffstück für die nächste Fläche anlegen.

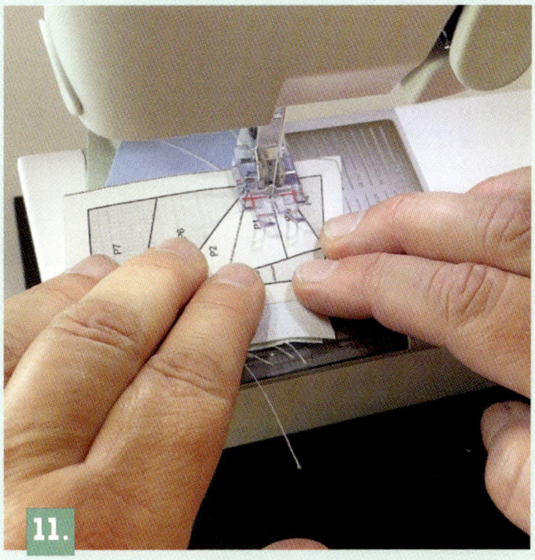

11.

Das Stoffstück exakt auf der Linie annähen. Die Schritte 6 bis 11 wiederholen, bis alle Flächen gefüllt sind.

12.

Alle Stoffstücke, die über die Papierform hinausragen, mit Nahtzugabe zurückschneiden.

13.

Die einzelnen Formen zu Blöcken verbinden. Alle Nahtzugabe auseinanderbügeln.

Wenn du eine Naht auftrennen musst, verwende einen Nahttrenner und arbeite auf der Stoffseite. Sollte das Papier reißen, überklebe den Riss mit Malerkrepp, über den du zur Not hinwegnähen kannst.

Dieses Fischmuster setzt sich aus vielen Einzelteilen zusammen, die jeweils zu Blöcken kombiniert wurden.

Die Schemazeichnung der zusammengesetzten Papiereinheiten eines Blocks.

Die Stoffblöcke werden auf der Designwand arrangiert.

Wenn du mit deinem Arrangement zufrieden bist, fotografiere das Ergebnis mit dem Handy. So kannst du beim Zusammennähen der Blöcke immer wieder kontrollieren, ob die Anordnung stimmt.

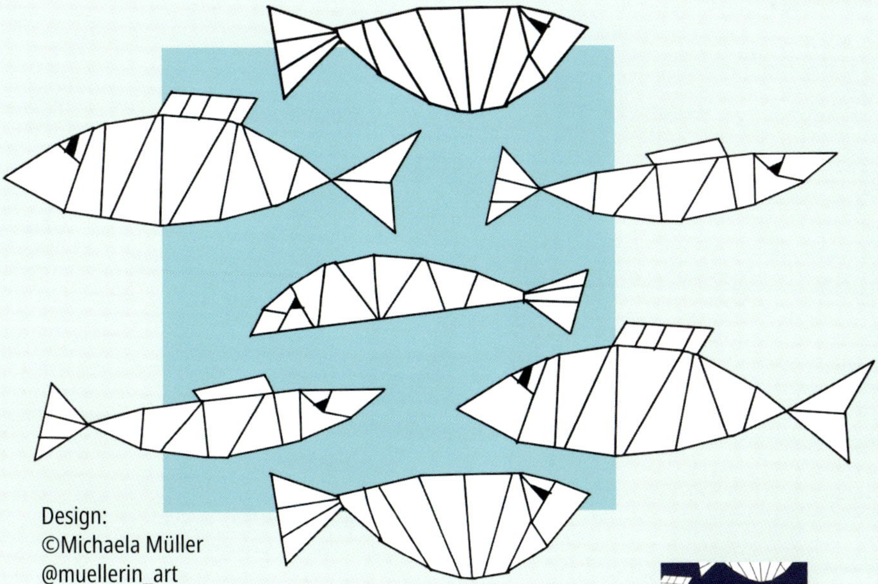

Design:
©Michaela Müller
@muellerin_art

Das Besondere an diesem Muster besteht darin, dass es als nahtloses Rapportmuster mit Halbversatz angelegt ist. Die Fische scheinen jeweils über die Ränder der quadratischen Blöcke hinauszuschwimmen. Erst durch das Ansetzen weiterer Blöcke mit einem vertikalen Versatz erhalten sie ihre endgültige Form. Dank des einheitlich dunklen Hintergrunds nimmt man die einzelnen Blöcke jedoch gar nicht wahr.

Du findest die verkleinerte Vorlage auf Seite 172/173 oder kannst sie hier downloaden.

Den Entwurf von Michaela Müller habe ich mithilfe der Software EQ8 zu einer FPP-Vorlage umgearbeitet und ausgedruckt.

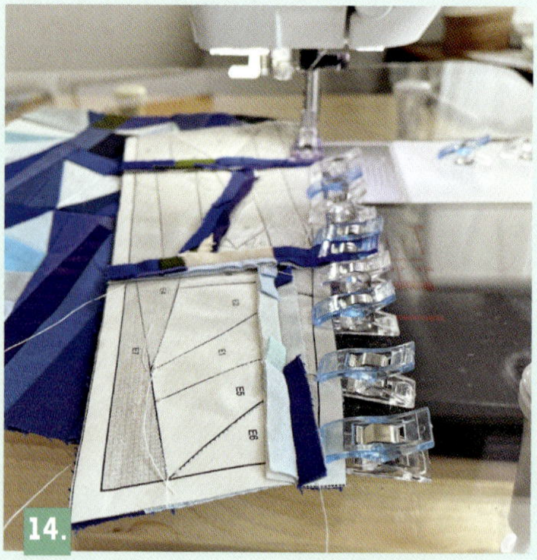

Die Blöcke zusammennähen und die Nahtzugaben auseinanderbügeln.

Ist alles zusammengenäht, kannst du das Papier entfernen. In der Naht stecken gebliebene Papierreste lassen sich gut mit einer Pinzette herauszupfen.

Links: Hier ist die Rückseite der Quiltoberseite zu sehen, nachdem das Papier entfernt wurde.

Rechts: Die fertige Patchworkarbeit. Der orangefarbene Fisch setzt in dem von Blau dominierten Muster einen spannenden optischen Schwerpunkt.

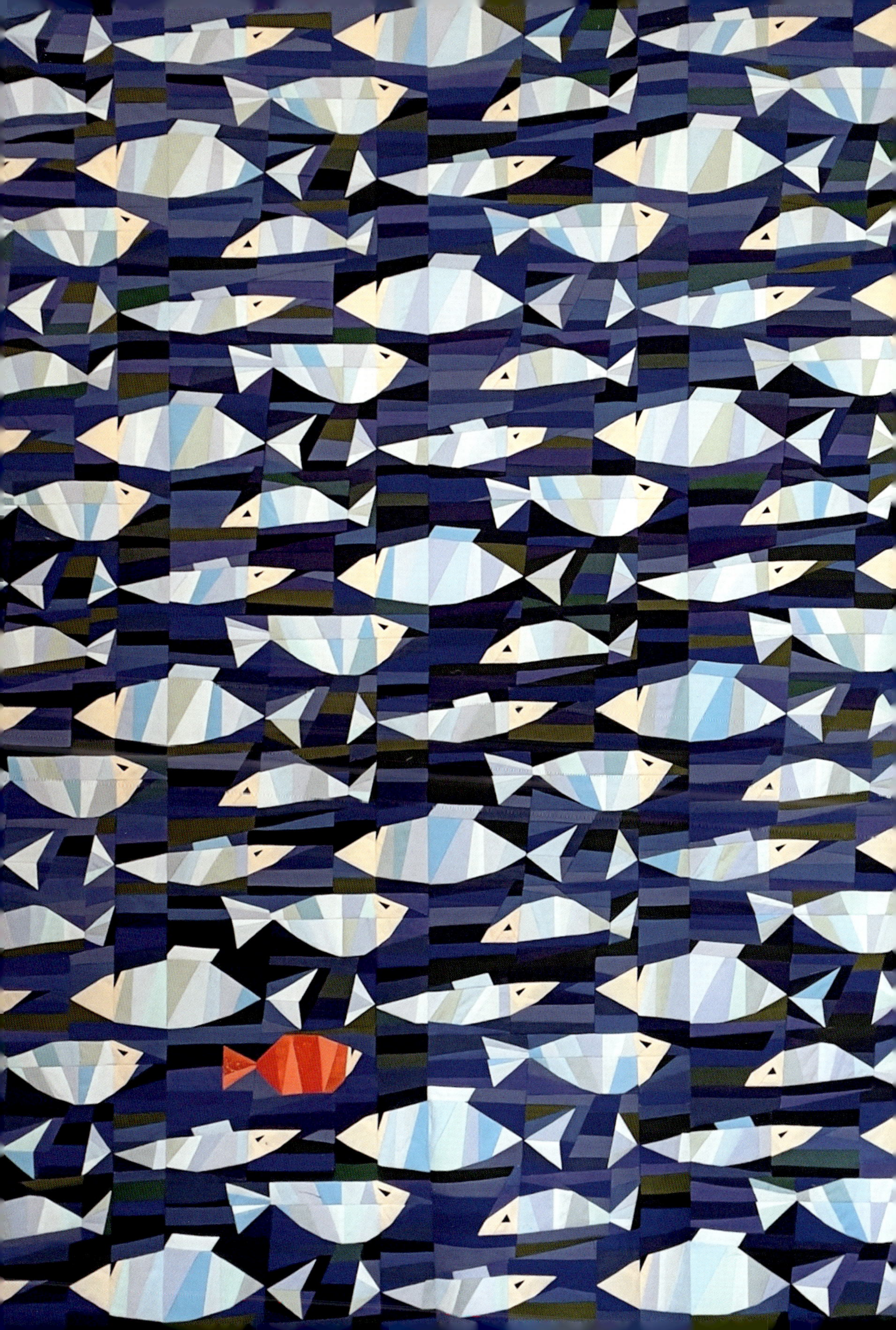

P
R
L
C
D
E
B
J
H
I
F

APPLIZIEREN

Beim Applizieren werden Stoffmotive auf einen Hintergrund gesetzt und festgenäht. Vor allem organische Formen und Motive lassen sich mit dieser Technik auf einfache Weise abbilden.

Es gibt mehrere Möglichkeiten, Stoffmotive zu applizieren. Welche Methode sich im Einzelfall anbietet, hängt vom jeweiligen Projekt ab. Ein Kunstquilt z.B. wird voraussichtlich nie gewaschen. Ein Ausfransen der Stoffkanten ist also nicht zu befürchten, und es spielt keine Rolle, ob die Motivkanten offen und/oder nicht sehr sorgfältig festgenäht sind.
Auf der nächsten Seite findest du eine Übersicht, die dir die Entscheidung für eine geeignete Applikationstechnik erleichtern soll.

Damit der Stoff, der als Hintergrund dient, sich beim Aufnähen der Applikationen nicht verzieht, kannst du ihn vorher mit Sprühstärke oder Krauseminzewasser einsprühen und bügeln, von links mit Stickvlies verstärken oder einen Stickrahmen verwenden.

Du kannst die Applikationen mit Invisible-Garn aufnähen, sodass die Nähte nahezu unsichtbar sind (siehe Needleturn Appliqué), oder ein stärkeres, andersfarbiges Garn verwenden, um sie zu betonen (Edge Coloring, siehe Foto unten). Invisible-Garn ist durchsichtig wie eine Angelschnur.
Zum Applizieren mit der Maschine eignen sich Zierstiche wie der Langettenstich; wenn du von Hand applizierst, kannst du Stickstiche verwenden und bei Bedarf abwandeln. Der Fantasie sind hier keine Grenzen gesetzt.

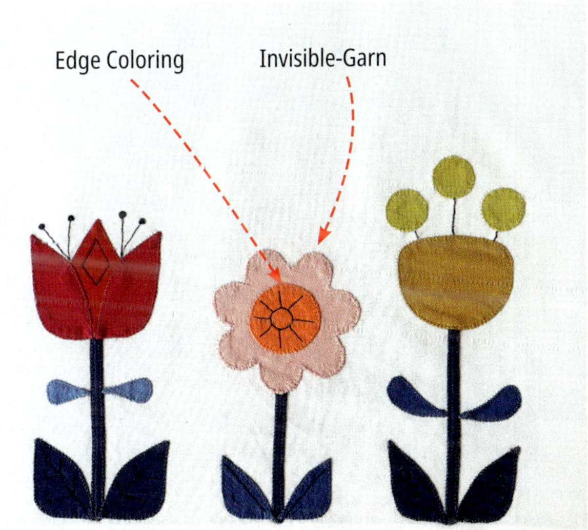

APPLIZIEREN

Es gibt viele Applikationstechniken. Welche Technik sich für welches Projekt eignet, erfährst du hier.

MOTIVKANTE

Eingeschlagene Kante
Besonders robust und deshalb für Gebrauchsquilts geeignet

Kante wird beim Nähen eingeschlagen:
Needleturn Appliqué | Seite 94

Wendeapplikation | Seite 96

Kante wird vorab umgebügelt:
Sprühstärken-Applikation | Seite 92

Offene Motivkante
Für Quilts, die wenig beansprucht werden

Mit Einsatz von Vliesofix | Seite 98

VORBEREITUNG DES STOFFS FÜR DEN HINTERGRUND

- **Vor dem Bügeln mit Sprühstärke einsprühen**
- **Stickvlies verwenden**
- **Den Stoff in einen Stickrahmen spannen**

GARN

Akzentuierend
- Garn als Kontrast

Dezent bis unsichtbar
- Invisible-Garn
- Garn im Ton des Applikationsmotivs

QUILT-ENGLISCH

Raw Edge – offene Motivkante

Turned Edge – eingeschlagene/versäuberte Motivkante

Edge Coloring Appliqué
die Applikation mit farbigem Garn festnähen

NÄHTECHNIK

Von Hand

Mit der Maschine:
- Zierstiche (z.B. Langettenstich)
- Frei genähte Linien

EINGESCHLAGENE MOTIVKANTE

Applizieren mit Sprühstärke

EXTRAS

- Freezer-Papier
- Sprühstärke (ohne Teflon)
- Pinsel
- Minibügeleisen

1.

Drucke oder zeichne das Applikationsmotiv spiegelverkehrt auf die matte Seite des Freezer-Papiers.

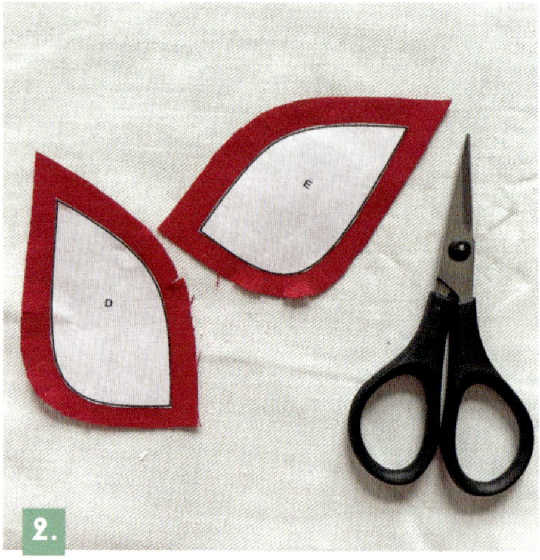

2.

Schneide das Motiv aus und bügle es auf die linke Seite des Stoffs.
Schneide den Stoff entlang der Motivkanten mit einer Nahtzugabe von ¼–⅜ Inch zu.

3.

Sprühe etwas Sprühstärke in ein Schälchen.

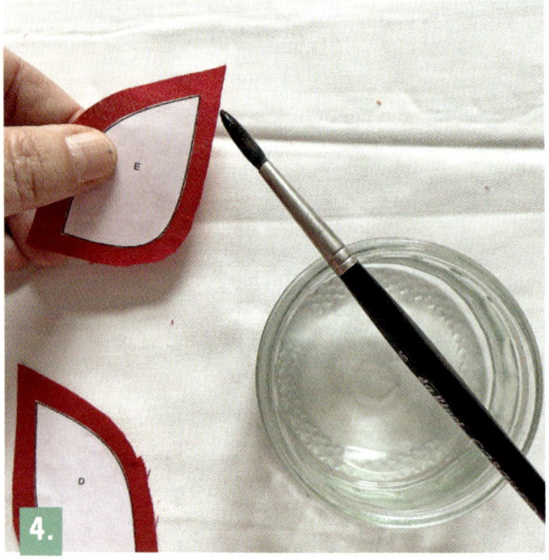

4.

Trage die Flüssigkeit mit einem sauberen Pinsel (möglichst nur) auf die Nahtzugabe auf.

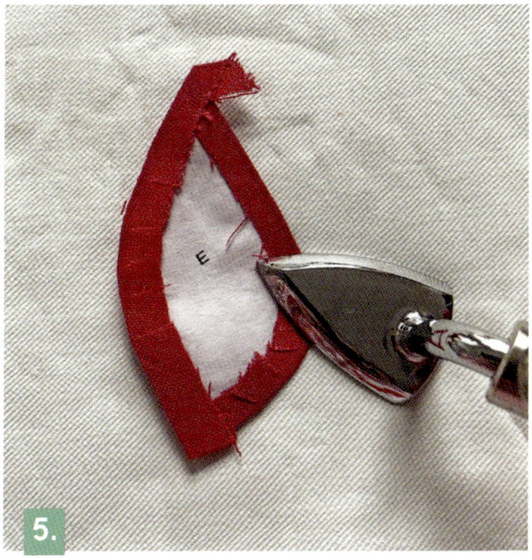

Bügle die Nahtzugabe mit dem Minibügeleisen nach innen. Verwende zum Bügeln eine Unterlage, die schmutzig werden darf.

Wenn du einen Clapper hast, setze ihn direkt nach dem Bügeln auf das Bügelgut, und warte, bis es abgekühlt ist. Das Holz entzieht dem Stoff die Restfeuchte und drückt ihn gleichzeitig plan.

Nun kannst du das Freezer-Papier entfernen und das Motiv auf dem Hintergrund platzieren. Trage auf die umgebügelte Nahrzugabe sparsam etwas Textilkleber auf, fixiere das Motiv an der gewünschten Stelle und nähe es fest.

Für dieses Beispiel habe ich Invisible-Garn verwendet.

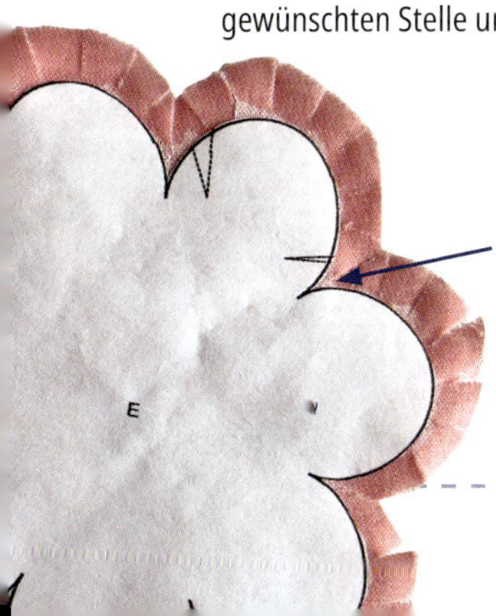

Nahtzugaben von konvexen Konturen werden mit einer kleinen, spitzen Schere eingeschnitten. Auch in die Winkel wird jeweils ein Schnitt gesetzt.

Vorlagen für diese Motive findest du auf Seite 174 oder hier:

NEEDLETURN APPLIQUÉ

Bei dieser Technik werden die Motive von Hand appliziert. Die Kanten schlägt man beim Nähen (mit der Nähnadel) sukzessive nach innen um. Damit die Stiche möglichst wenig zu sehen sind, empfiehlt es sich, eine feine Nadel und dünnes Garn in der Farbe des jeweiligen Stoffs zu wählen. Alle Einzelteile müssen mit einer Nahtzugabe zugeschnitten werden.

Das Motivteil am gewählten Platz auf den Hintergrundstoff stecken oder mit Heftgarn heften.

Das Motivteil aufnähen und dabei die Nahtzugabe nach innen falten. Zum Umfalten kannst du auch einen Zahnstocher verwenden.
Rechtshänder:innen nähen von rechts nach links mit kleinen, geraden Stichen parallel zur gefalteten Kante am Rand entlang. Dabei wird ähnlich wie beim Matratzenstich jeweils ein Stich in den gefalteten Rand gearbeitet und der folgende Stich in den Hintergrundstoff gesetzt.

Für besonders exakte Applikationen kannst du die Motive bzw. Motivteile zunächst mit einem Trickmarker auf den Stoff zeichnen und beim Umschlagen der Nahtzugaben immer genau der Kontur folgen.

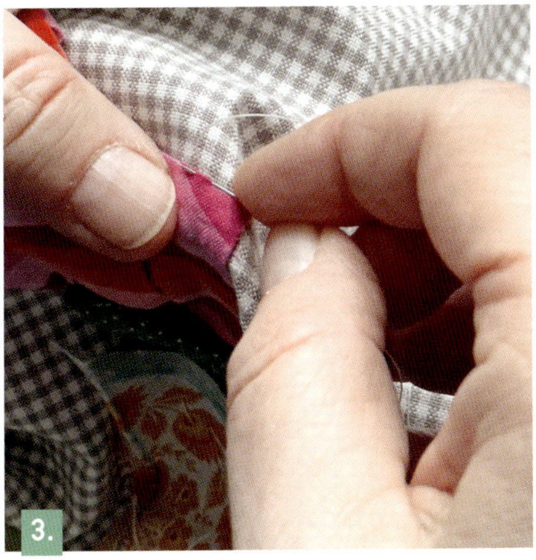

Auf der Rückseite des Hintergrundstoffs setzt du längere Stiche als auf der Motivseite (etwa ⅙ bis ¼ Inch lang); auf der Vorderseite sollten die Stiche schön gerade liegen.

Beim Festnähen spitzer Motivteile – etwa der Spitze eines Blatts – hat man zu viel Stoff, weshalb die Nahtzugaben vorher gut gefaltet werden müssen. Bei v-förmigen Teilen hingegen, z.B. bei einem Spalt zwischen zwei Blütenblättern, hat man zu wenig Stoff, weshalb die Nahtzugaben vorher eingeschnitten werden müssen.

Spitzen

Halte mit dem Nähen etwa ½ Inch vor Erreichen der Spitze inne und falte die gegenüberliegende Nahtzugabe nach innen. Es entsteht ein Öhrchen, das du so liegen lässt, bis du zur Ecke weitergenäht hast. Sobald du die Ecke erreicht hast, drehe die Arbeit (sodass du weiter von rechts nach links nähen kannst) und falte oder rolle das Öhrchen unter die Naht. Wenn es ganz verschwunden ist, nähe wie oben beschrieben weiter.

V-förmige Motivteile

Halte mit dem Nähen etwa ½ Inch vor Erreichen des V inne und schneide die Nahzugabe mit einer kleinen, spitzen Schere ein. Jetzt kannst du die Kanten bequem umlegen.

EXTRAS

- Zahnstocher

WENDEAPPLIKATION

Für diese Technik lege zwei Stoffstücke (eines davon dient später als Rückseite) rechts auf rechts.

Das Motiv auf die künftige Rückseite zeichnen und der Linie nach nähen.

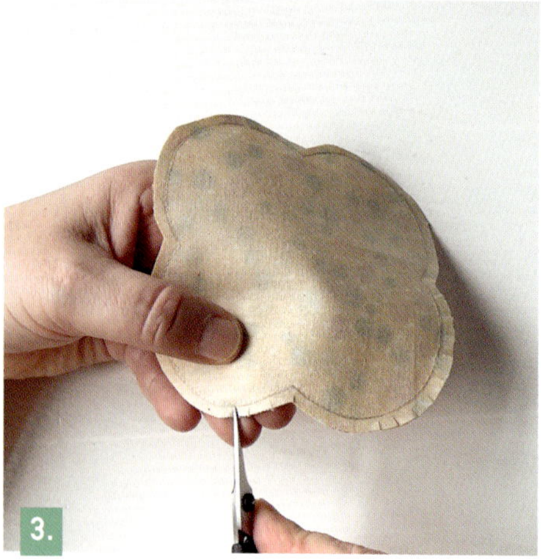

Das Motiv mit einer Nahtzugabe von ¼ – ⅜ Inch ausschneiden. Hat es konvexe Konturen und/oder Winkel, musst du die Nahtzugabe einschneiden.

Eine Wendeöffnung mittig in die Rückseite schneiden und das Nähgut bügeln.

Das Nähgut wenden.

Spitze Ecken lassen sich nach dem Wenden mit einem Holzstäbchen ausformen.

6.

Die Kanten ausbügeln.

7.

8.

Die Nahtlinien markieren.

9.

Die Motive auf dem Hintergrund ausrichten.

10.

Die Motive mit einem Sashiko-Stich (Vorstich) auf den Hintergrund heften.

11.

Auf einen Keilrahmen aufgezogen, wird aus einem alten Leinen mit ein paar Applikationen ein kleines Kunstwerk für die Wand.

OFFENE MOTIVKANTE

EXTRAS

- Vliesofix

Zeichne die Form auf die Papierseite des Vliesofix.

Schneide die Form mit einer Randzugabe von ca. ⅛ Inch aus. Ist der Durchmesser kleiner als ungefähr ½ Inch, fahre mit Punkt 4 fort.

Bei größeren Formen schneide das Innere der Form aus dem Vliesofix heraus. Dabei an einer Stelle über die Linie schneiden, damit sich das Vliesofix nicht verzieht.

Die Form auf die linke Seite des Stoffs bügeln.

Denke daran, die Formen bei dieser Technik spiegelverkehrt aufzuzeichnen.

5.

Die Form nach dem Auskühlen exakt auf der Linie ausschneiden und das Papier abziehen.

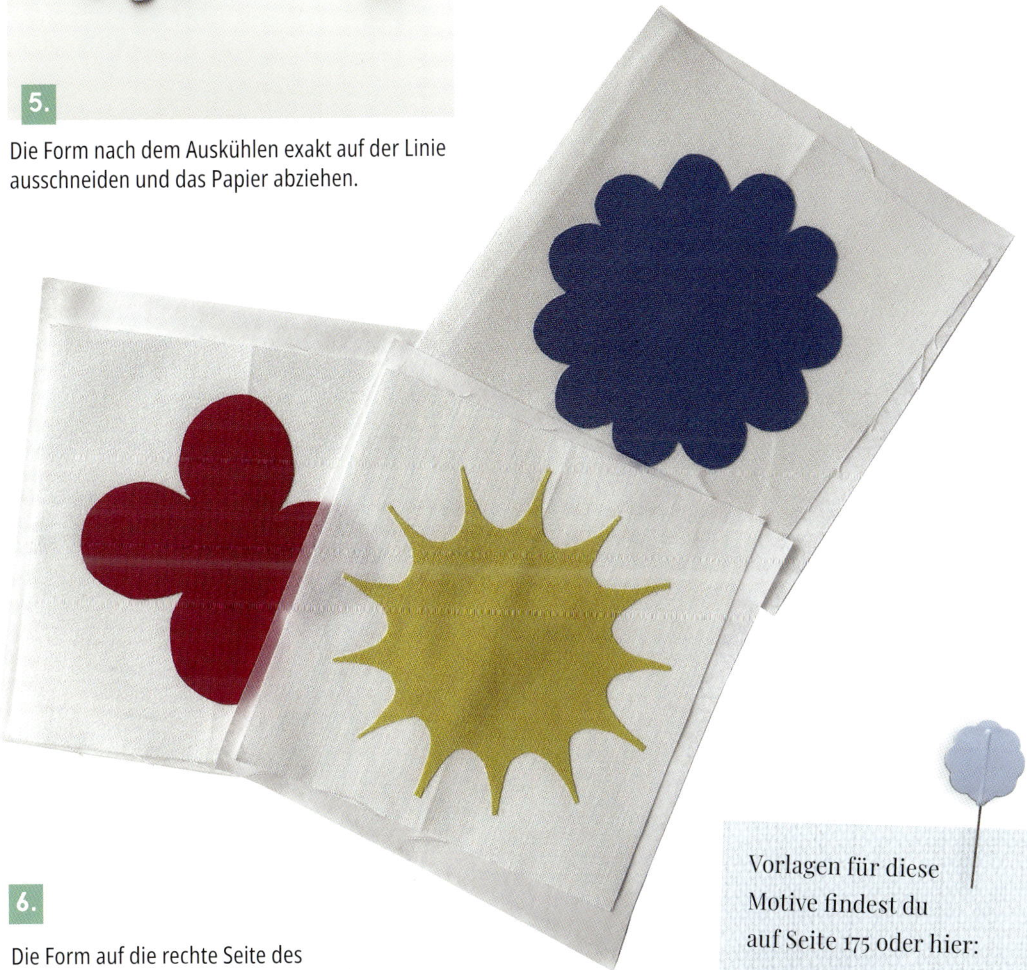

6.

Die Form auf die rechte Seite des Hintergrundstoffs legen und aufbügeln.

Vorlagen für diese Motive findest du auf Seite 175 oder hier:

Zum Festnähen der Applikation habe ich in diesem Fall die sogenannte Umrisstechnik gewählt. Im Prinzip ist das eine Variante der freien Maschinenstickerei. Wie beim Freihandquilten wird der Transporteur der Nähmaschine versenkt und ein Stick- oder Quiltfuß eingesetzt. Die Nadel wird wie eine Stiftspitze genutzt, mit ihr wird die Naht „gezeichnet".

Bei diesem Beispiel sind Garn- und Stofffarben aufeinander abgestimmt. Damit sich das Nähgut nicht verzieht, habe ich Stickvlies unterlegt. Es wird später wieder entfernt und braucht nicht aufgebügelt zu werden. Auch die Verwendung eines Stickrahmens ist möglich.

ENGLISCHE PAPIERMETHODE

EPP *(English Paper Piecing)*

Diese Handnähmethode eignet sich besonders für komplexe Formen, die mit einer Nähmaschine nur sehr aufwändig zu realisieren sind. Beim EPP wird Stoff um die Kanten von Papierschablonen gefaltet, die dann aneinandergenäht werden. Ist die Quiltoberseite fertiggestellt, werden die Schablonen entfernt.

Du benötigst für die Technik fertige, handelsübliche Papierschablonen oder festes Papier (250 g/m²) und einen Stanzer oder Plotter zum Anfertigen eigener Schablonen.

EINZELTEILE HEFTEN

1.

Den Stoff für die Papierschablone mit einer Nahtzugabe von ⅜ Inch zuschneiden. Für größere Projekte lohnt sich die Anschaffung einer Acrylschablone im Zuschneidemaß.

Beliebt ist in diesem Zusammenhang das sogenannte Fussy Cutting – das Ausschneiden eines besonders interessanten Bereichs aus einem bedruckten Stück Stoff. Mit einer Passepartoutschablone kannst du den gewünschten Ausschnitt exakt auswählen. Dabei kann es auch vorkommen, dass du Löcher in den Stoff schneiden musst, das sollte dich aber nicht abhalten.

2.

Die Papierschablone mit Klammern/Clips auf der Rückseite des Stoffs befestigen. Hierfür die Nahtzugabe Kante für Kante gegen den Uhrzeigersinn umfalten und festklammern.

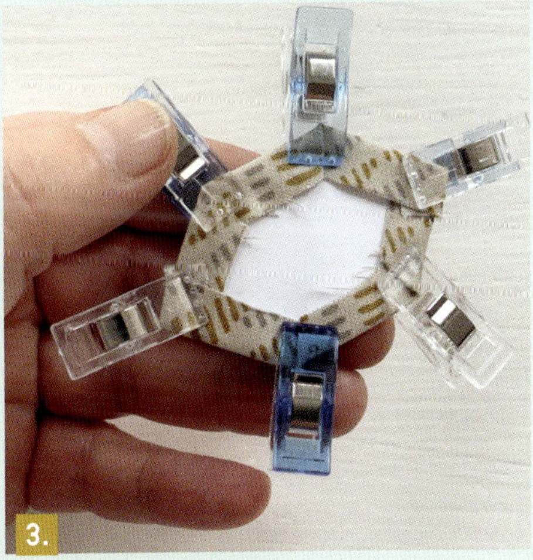

3.

Die dabei entstehenden Falten liegen alle in dieselbe Richtung.

Je spitzer der Winkel einer Stoffecke, desto länger ist das „Ohr“, das beim Falten der Nahtzugabe entsteht. Dieses Ohr wird beim EPP nicht zurückgeschnitten.

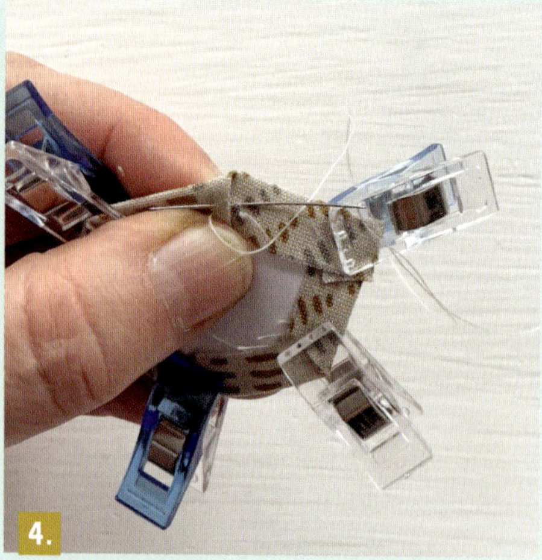

Die Nahtzugaben mit normalem Näh-, Reih- bzw. Heftgarn im Uhrzeigersinn heften, ohne sie an der Schablone festzunähen. Die Ecken mit Rückstichen fixieren.

Du kannst die Nahtzugaben auch mit wasserlöslichem Textilkleber fixieren. Damit das Zusammennähen der Einzelteile später problemlos klappt, darf kein Klebstoff an die Stoffkanten gelangen.

Ich starte mit einem Knoten und ende mit einer Schlinge.

Die Einzelteile sind bereit.

EINZELTEILE ZUSAMMENFÜGEN

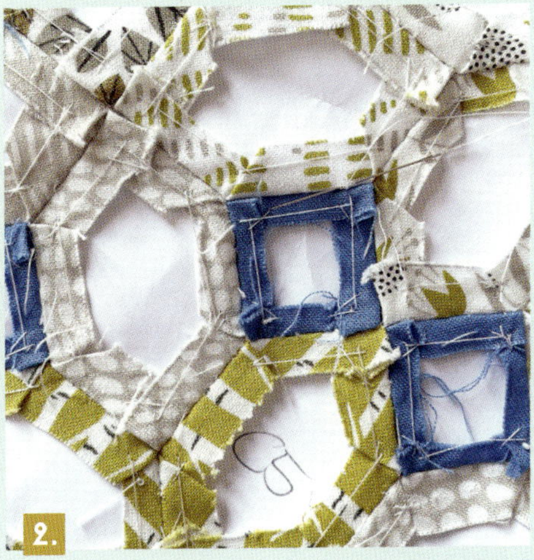

Zwei Teile rechts auf rechts legen und an einer Kante zusammennähen. Der erste und der letzte Stich sollten immer exakt auf eine Ecke treffen. Ich arbeite hier mit dem Matratzenstich und einem beigefarbenen Garn. Das Garnende mit einem Knoten sichern und den ersten Stich in eine Falte der Nahtzugabe setzen. Achte darauf, beim Nähen das Papier nicht festzunähen. Das Ende der Naht mit einem Schlingenstich sichern.

Schon bald ist das Patchwork so komplex, dass sich Einzelteile nicht mehr flach rechts auf rechts legen lassen. Drehe es einfach um, lege neue Einzelteile Stoß an Stoß an und nähe sie von hinten mit dem Matratzenstich fest. Die Papierschablonen dafür nicht knicken, sondern nur biegen.

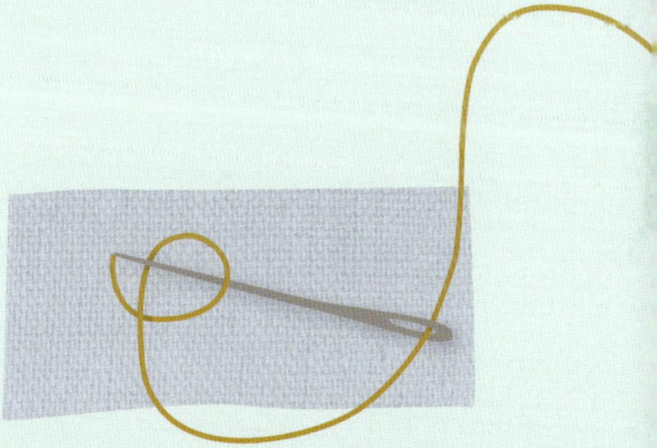

Schlingenstich

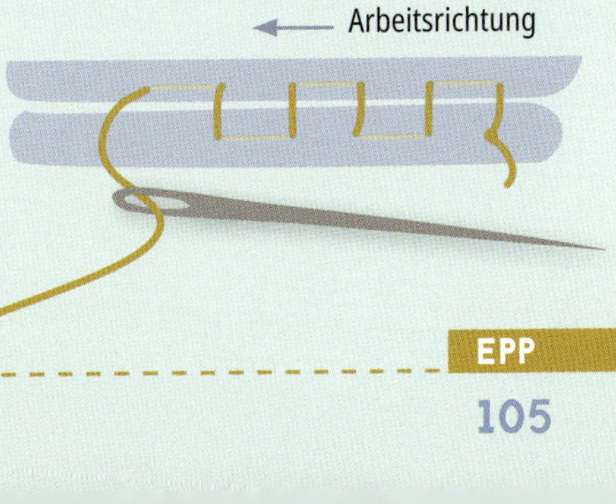

Mit dem Matratzenstich entsteht eine unsichtbare Naht.

Ich nähe gerne Blöcke, die ich an der Designwand so lange arrangiere, bis mir das Gesamtbild gefällt. Dann mache ich ein Foto, beschrifte die Rückseite der Blöcke und nähe sie reihenweise zusammen. Die Reihen werden zum Schluss zusammengefügt.

Sind alle Teile zusammengenäht, zuerst die Rückseite bügeln, damit alle Nahtzugaben gut liegen, und dann die Vorderseite.

Die Papierschablonen entfernen. In der Regel können sie wiederverwendet werden.

RANDABSCHLÜSSE

Für diesen Randabschluss wurden die Schablonen so zugeschnitten, dass eine gerade Kante entsteht.

Hier wurde der Rand des Patchworks zum Schluss beschnitten und umgenäht.

Dieses Patchwork wurde auf einen Randstreifen appliziert.

Ein handgenähter Quilt aus vielen Einzelteilen wie dieser ist eine Menge Arbeit. Zum Schluss wurde dieser Quilt mit einer Einfassung mit Rand versehen.

ORGANISCHE FORMEN

Würde man bei organischen Formen die Nahtzugabe wie bei der klassischen EPP-Technik mit Nadel und Faden heften, läge der Stoff an den Kanten nicht exakt genug. Um dem entgegenzuwirken, wird mit einem Textilklebestift „geheftet".

1.

Die Formen spiegelverkehrt auf Papier (250g/m²) zeichnen und ausschneiden.

2.

Die Formen mit einem Textilklebestift auf die linke Seite der ausgewählten Stoffe kleben.
Mit ca. ⅜ Inch Nahtzugabe ausschneiden.

3.

Bei konvexen (nach außen gewölbten) Formen die Nahtzugabe senkrecht zur Kante einschneiden. Die Nahtzugaben konkaver (nach innen gewölbter) Formen werden nicht eingeschnitten. An der Kante, deren Nahtzugabe geheftet werden soll, Kleber auftragen, sowohl auf die Papierkante als auch auf die Stoffkante. Der Kleber sollte möglichst nicht in den späteren Falz gelangen, denn das erschwert das Einstechen der Nadel.

4.

Die Nahtzugabe möglichst exakt nach innen auf das Papier falten und festkleben. Schritt 3 und 4 bei allen Kanten wiederholen.

So sehen die vorbereiteten organischen Formen aus.

Diese Form hat konkave, also nach innen gewölbte Kanten. Durch den schrägen Fadenlauf kann sich Stoff gut dehnen und legt sich ohne Falten problemlos um die Kante. Deshalb ist ein Einschneiden überflüssig.

Zwei Formen Stoß an Stoß zusammenlegen, rechte Seite nach oben, und mit Malerkrepp fixieren.

Die Formen auf der Rückseite mit dem sogenannten Flat Back Stitch miteinander verbinden.

FLAT BACK STITCH
Es lohnt sich, diesen Stich anzuwenden, da man ihn auf der Vorderseite nicht sieht. Das Augenmerk sollte besonders auf den ersten und den letzten Stich gelegt werden. Die Ecken der beiden Formen sollen exakt aufeinandertreffen. Ich starte mit einem Quiltknoten und ende mit einem Schlingenstich.

Die Formen werden zu vier Vierecken zusammengenäht.

So sieht die Vorderseite aus.

Sind alle Formen zusammengenäht, kann das Papier entfernt werden.

KREISE EINNÄHEN

Applikation

Viertelkreise

„Circle Savvy Ruler“

Papier-Methode

Für das Ein- und Aufnähen von Kreisen gibt es unterschiedliche Methoden. Welche Methode sich anbietet, hängt von der Größe der Kreise ab.

Kreise ein- oder aufzunähen, ist gar nicht so schwer – wenn man die richtige Technik anwendet. Ein kleiner Kreis von beispielsweise 5 cm Durchmesser lässt sich am leichtesten als Applikation umsetzen. Für das Einsetzen großer Kreise von z.B. einem Meter Durchmesser eignet sich hingegen die Papiermethode am besten.

GROSSE KREISE MITHILFE DER PAPIER-METHODE EINSETZEN

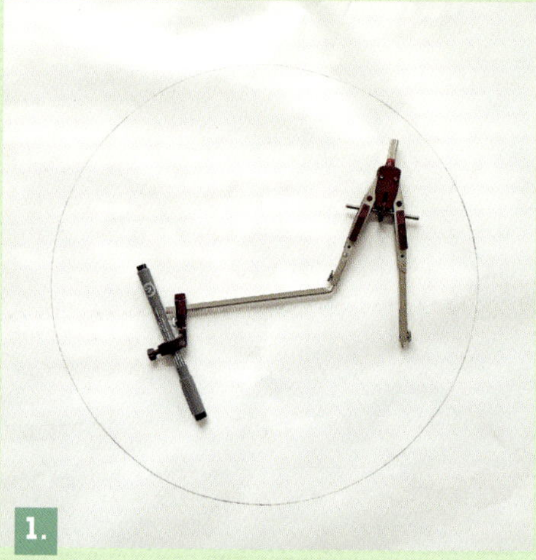

1. Zeichne einen Kreis in der gewünschten Größe mit einem Zirkel auf ein Stück Papier. Das Papier sollte rundum ca. 10 cm größer als der Kreis sein.

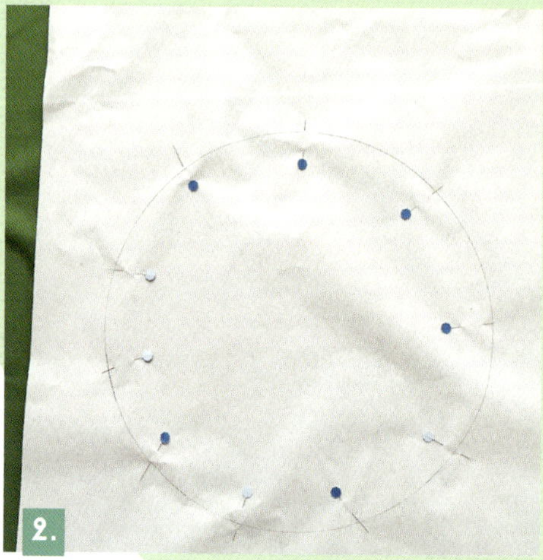

2. Lege das Papier an der passenden Stelle auf die rechte Seite des Stoffs für den Außenkreis und stecke es fest.

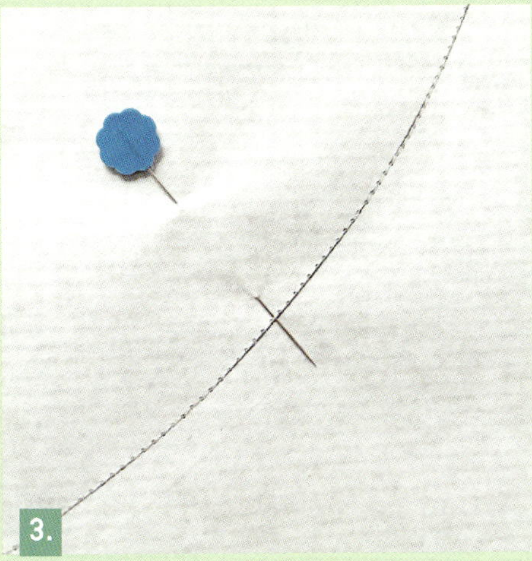

Nähe exakt auf der Linie mit einer Stichlänge von 1,5–2 eine Hilfsnaht und bügle sie.

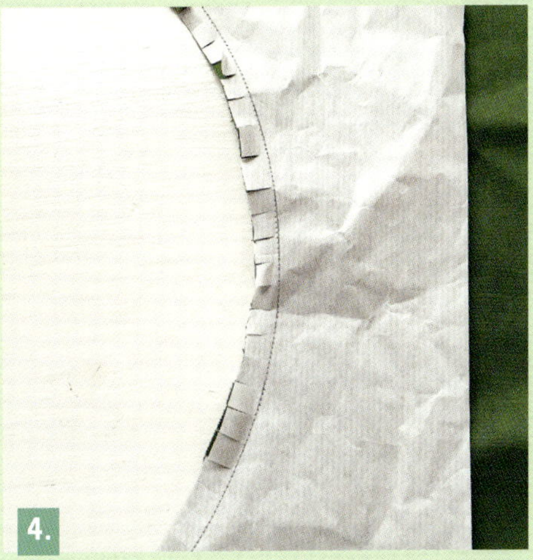

Schneide den Kreis innerhalb der Linie mit einer Nahtzugabe von ⅜ Inch aus und schneide die Nahtzugabe in regelmäßigen Abständen bis knapp vor die Naht ein.

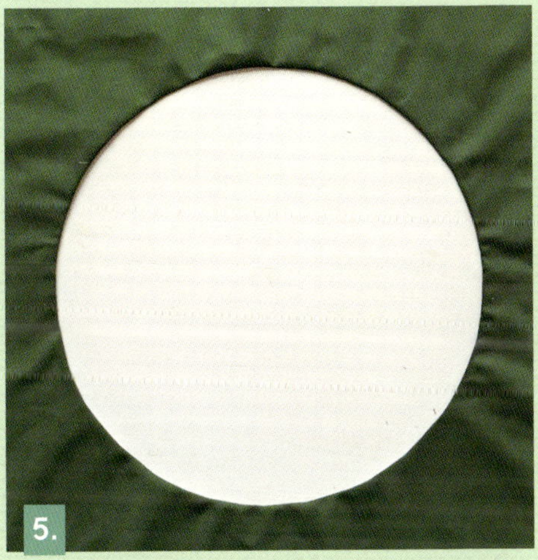

Wende das Papier durch den Stoff. Falte die Rundung exakt und bügele die Nahtzugabe um.

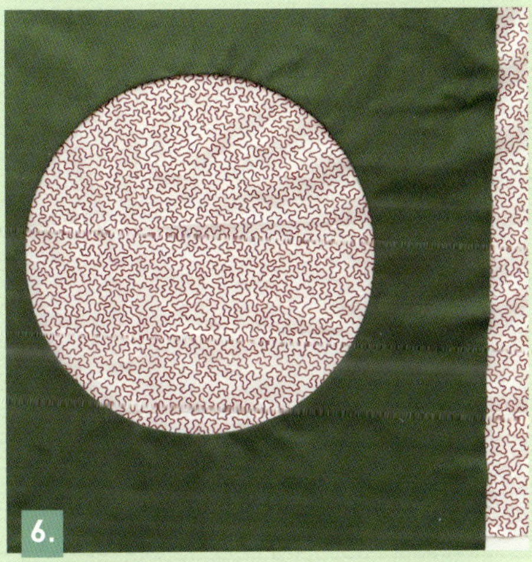

Richte den Außenkreis auf der rechten Seite des Stoffs für den Innenkreis aus und stecke das Papier auf dem Stoff für den Innenkreis fest.

Lege den Stoff für den Außenkreis nach innen und nähe diesen von links dicht neben der Hilfsnaht auf den Innenkreis.

Die Naht liegt auf der Innenseite des Kreises, sodass das Papier nicht mitgefasst wird.

Alles bügeln, das Papier entfernen und Stoffüberstände des Innenkreises zurückschneiden.

KLEINE KREISE
werden am besten appliziert (siehe S. 90ff.).

KREISE MITHILFE EINES CIRCLE SAVVY RULER NÄHEN

Für Kreise mit einem Durchmesser von 3 bis 15 Inch

EXTRAS

- Circle Savvy Ruler

1. Falte die beiden Stoffe für den Innen- und Außenkreis jeweils zweimal zusammen.

2. Schneide die beiden Kreise mithilfe der Schablone zu.

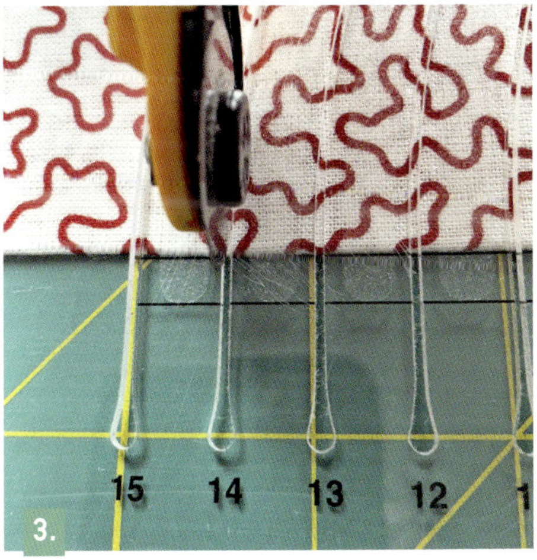

3. Schneide den Innenkreis 1 Inch größer als den Außenkreis.

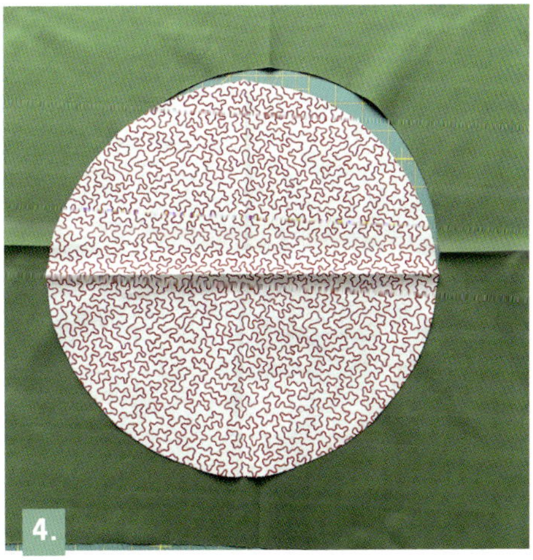

4. Lege den Stoff für den Außenkreis rechts auf rechts auf den Innenkreis, sodass die vier Falten exakt übereinanderliegen. Alles feststecken.

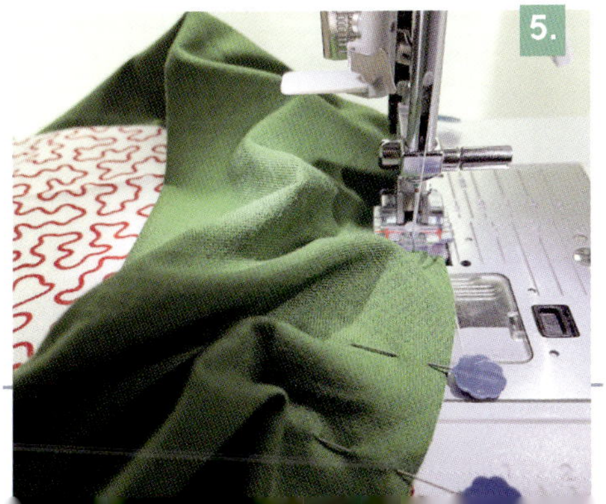

5. Nähe die Kreise mit ¼ Inch Nahtzugabe aufeinander.

KREISE MITHILFE EINER ACRYLSCHABLONE NÄHEN

EXTRAS

- Acrylschablonen (z.B. von Pappersaxten)

1.

Mithilfe der konvexen (nach außen gewölbten) und konkaven (nach innen gewölbten) Schablone werden die Viertelkreise für innen und außen zugeschnitten. Mithilfe der quadratischen Schablone wird der zusammengenähte Viertelkreis-Block am Ende auf Maß getrimmt.

2.

Schneide den Stoff mithilfe der Schablonen zu. Beachte dabei den Fadenlauf: Sowohl beim Innen- als auch beim Außenkreis sollte er parallel zu den geraden Kanten der Schablonen liegen.
Ein Rollschneider mit kleinerem Klingendurchmesser ermöglicht ein genaueres Schneiden kleinerer Radien.

TIPPS

- Achte bei dem Ausrichten der Schablonen auf den Fadenlauf.
- Verwende einen Rollschneider mit relativ kleiner Klinge.
- Beim Nähen nicht am Stoff ziehen.

3.

Nähe den Innen- und den Außenkreis rechts auf rechts mit ¼ Inch Nahtzugabe zusammen.

4.

Beim Nähen möglichst nicht am Stoff ziehen, sondern die Kanten nur aufeinanderlegen.

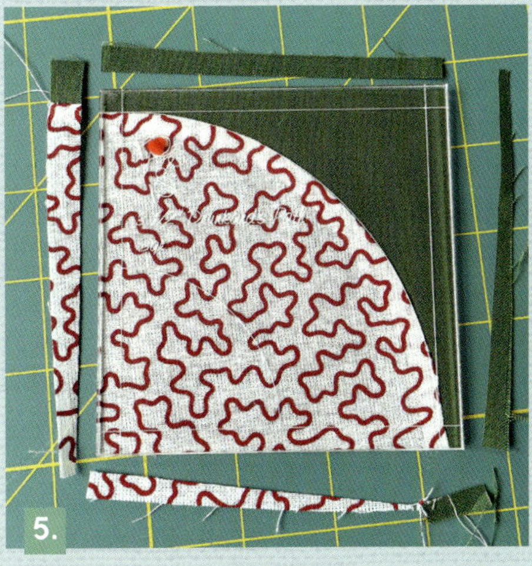

5.

Bügle die Nahtzugaben nach außen und trimme den Block mithilfe der quadratischen Schablone auf Maß.

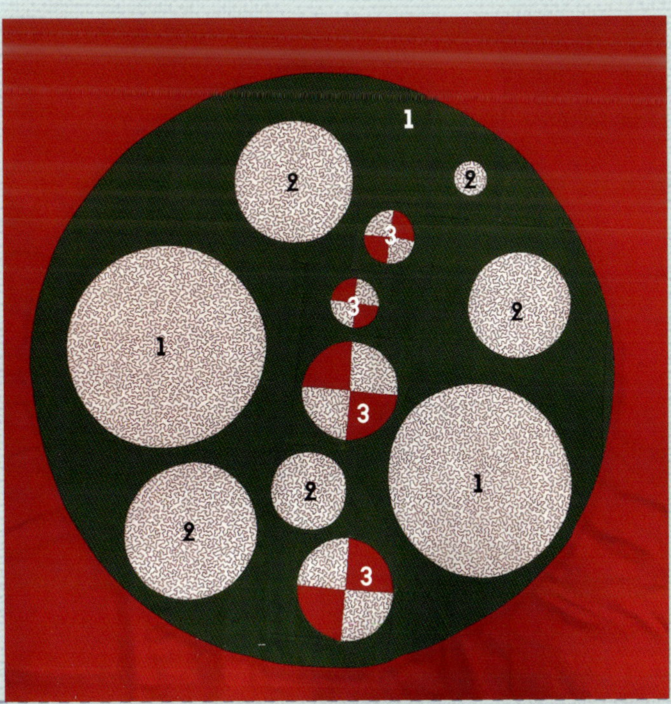

Die Kreise wurden in den folgenden Techniken zu einer Quiltoberseite zusammengenäht:
1 Papiertechnik
2 Circle Savvy Ruler
3 Acrylschablone

QUILT-
TECHNIKEN

PFAFF

LOS GEHT'S!

Beim Quilten werden zwei Lagen Stoff – die Quiltoberseite und die Quiltrückseite – mit einer Wattierung in der Mitte zunächst geheftet und dann zusammengenäht.
Wie die Oberseite entsteht, hast du im vorherigen Kapitel zu den Patchworktechniken erfahren.
Nun geht es ans Quilten. Auch hierfür gibt es viele verschiedene Techniken. Du kannst mit dem Quiltstich von Hand quilten, das hat etwas Meditatives, oder du benutzt eine herkömmliche Nähmaschine. Mit der Maschine kannst du gerade Linien quilten, beliebige Muster frei Hand mit dem Stopf- oder Quiltfuß arbeiten oder vorgegebene Designs entlang eines entsprechenden Lineals quilten.
Sind die drei Lagen fertig gequiltet, stehen die Abschlussarbeiten an, also die Einfassung, das Label und der Tunnel für die Aufhängung.
Wie all das funktioniert, wird in diesem Kapitel erklärt.

HEFTEN

Bevor es mit dem Quilten losgehen kann, müssen die drei Lagen geheftet werden, damit beim Nähen nichts verrutscht. Das Heftgarn wird später wieder entfernt.

Gerade für kleinere Projekte bietet sich als Alternative zum Heften das Kleben der Lagen mit Sprühkleber an. Für größere Quilts eignet sich die Methode nicht, da der Kleber nicht ausreichend haftet.

Damit der Quilt nicht wellig wird, legt man die drei Lagen zum Heften am besten flach auf einen Tisch oder auf den Fußboden. Die gut gebügelte Quiltrückseite mit der rechten Seite nach unten als Erstes hinlegen und die Kanten mit Malerkrepp fixieren.

Den Stoff schön straff aufkleben, ohne ihn zu dehnen.

Anschließend die Wattierung und zum Schluss die Quiltoberseite mit der rechten Seite nach oben auflegen. Sie muss vorher sorgfältig von beiden Seiten gebügelt werden. Achte darauf, dass alle Nahtzugaben schön flach liegen.

Die drei Lagen von innen nach außen kreuz und quer im Abstand von ca. 15 cm mit Sicherheitsnadeln feststecken oder mit Heftgarn heften. Zum Heften ist der Hexenstich besonders gut geeignet.

Egal, wie du die drei Lagen heftest – es ist wichtig, die Rückseite am Ende auf Faltenfreiheit zu kontrollieren.

MASCHINENQUILTEN

Für das Quilten mit einer herkömmlichen Nähmaschine gibt es drei grundlegende Techniken.

GERADE LINIEN

Seite 129

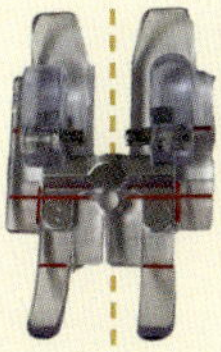

Mit einem Standardfuß und eingeschaltetem Transporteur und Obertransport (falls vorhanden).

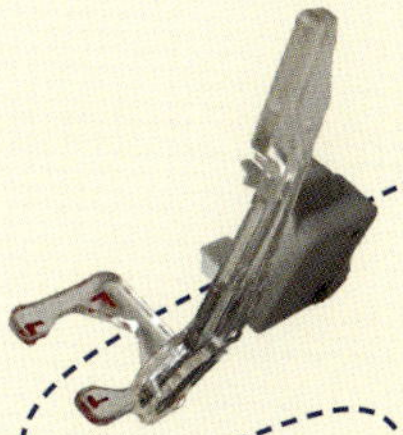

FREIHAND-QUILTEN

Seite 130

Mit einem Stopf- oder Quiltfuß und ausgeschaltem Obertransport und versenktem Transporteur, dafür eventuell mit Stichregulator. Stopf- oder Quiltfüße sehen je nach Hersteller leicht unterschiedlich aus.

LINEALQUILTEN

Seite 133

Mit einem dickwandigen Quiltfuß, mit dem du an einem Lineal entlangquilten kannst.

Unabhängig von der gewählten Quilttechnik ist es ratsam, zunächst ein Probestück zu quilten, an dem du überprüfen kannst, ob die Fadenspannung richtig eingestellt ist oder nachjustiert werden muss. Um ein aussagekräftiges Ergebnis zu erhalten, musst du natürlich mit den gleichen Materialien (Stoff von Quiltober- und Unterseite, Wattierung, Nadel, Garn und Maschinenfuß) arbeiten.

Ehe du losquiltest, solltest du immer zuerst den Unterfaden nach oben holen. So gehst du sicher, dass sich auf der Unterseite des Quilts das Garn nicht verheddert, und kannst die Fadenanfänge später besser vernähen.

Zum Quilten am besten die Nadelstopp-Position „unten" wählen.

Gerade bei großen Quilts sollte der Arbeitstisch so groß sein, dass der gesamte Quilt darauf Platz hat. Herunterhängende Teile üben Zug auf den Quilt aus und erschweren eine gleichmäßige Bewegung der drei Lagen.

Teile den Quilt gedanklich in zwei Hälften und beginne mit dem Quilten in der Mitte. Arbeite dich von dort aus nach außen vor. Wenn die erste Hälfte fertig ist, drehe den Quilt um 180 Grad und quilte die zweite Hälfte.

Je dichter du die Nähte setzt, desto steifer wird der Quilt.

Beim Quilten solltest du bequem sitzen. Angespannt und verkrampft lässt es sich auf Dauer nicht gut nähen.

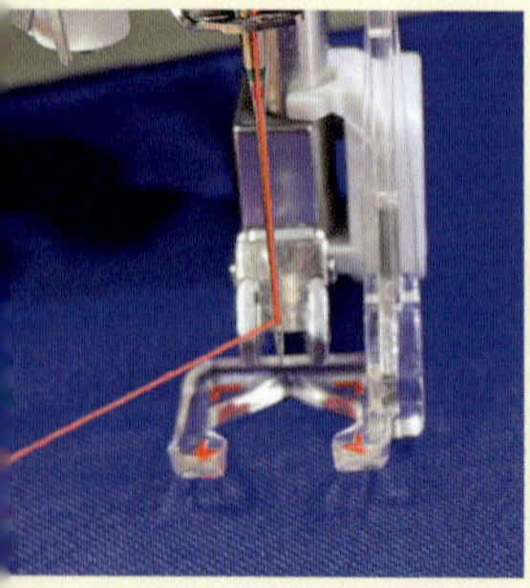

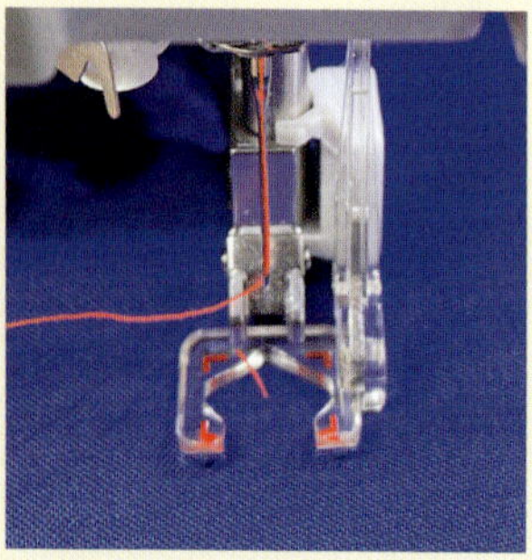

Um den Unterfaden nach oben zu holen, halte ich den Oberfaden fest, senke die Nadel in den Stoff und bringe sie wieder nach oben.

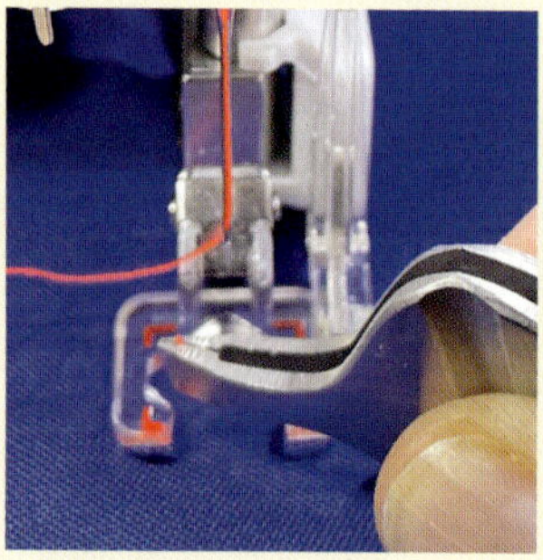

Ist das Ende des Unterfadens sehr kurz, kann ich es mit einer Pinzette greifen und so weit herausziehen, dass ich es zusammen mit dem Oberfaden fassen kann.
Um mit dem Quilten zu starten, beide Fadenenden festhalten.

Größere Stoffe können durchaus mit einer Haushaltsnähmaschine gequiltet werden. Ich rolle sie nicht auf, sondern schiebe sie einfach zusammen und versuche, immer nur Teilflächen am Stück zu quilten.

FADENENDEN

Was tun mit den Fadenenden? Das kommt auf den Quilt an.

Gebrauchsquilts

- Fadenenden verknoten
- Fadenenden vernähen

Kunstquilts

- Fadenenden vernähen

ODER

- Fadenenden abschneiden

Gebrauchsquilts, bei denen die Optik nicht extrem wichtig ist

- Fadenenden mit der Maschine verriegeln
- Fadenenden vernähen

GERADE LINIEN MIT DEM GERADSTICH

Die einfachste Form des Quiltens ist das Quilten mit einem Geradstich. Alternativ sind auch Zierstiche möglich. Der Quilt wird von der Maschine vorwärts und rückwärts transportiert.

Solltest du bemerken, dass der Stoff sich beim Quilten verschiebt, wechsle zwischendurch die Nährichtung.

Im Nahtschatten sollte nur gequiltet werden, wenn die Nahtzugaben nicht auseinandergebügelt sind.

Quilten im Nahtschatten:
Es wird in der vorhandenen Naht gequiltet.

QUILT-ENGLISCH

Quilting in the Ditch –
im Nahtschatten quilten

FREIHANDQUILTEN

Beim freien Quilten mit einer herkömmlichen Nähmaschine wird der Transporteur versenkt (und der Obertransport ggf. ausgeschaltet). Du benötigst einen passenden Stopf- oder Quiltfuß.
Die Bezeichnungen für diesen Fuß und sein Aussehen variieren von Hersteller zu Hersteller. Auch die Maschineneinstellungen für das Freihandquilten sind nicht einheitlich. Bei meiner Nähmaschine muss ich zum Beispiel zusätzlich die Einstellung „Sprung-Freihandfuß" wählen.

Wenn du Anfänger:in bist, lass dich davon nicht abschrecken. Frage bei anderen Quilter:innen oder beim Fachhändler nach, wie du deine Maschine für das Freihandquilten einstellen musst. Und nimm dir Zeit genug zum Üben. Es braucht ein wenig Geduld, bis man das Freihandquilten beherrscht.

Das Wichtigste ist eine gute Koordinierung von Händen und Fuß. Mit den Händen führst du den Quilt unter dem Nähfuß, mit dem Fuß steuerst du die Geschwindigkeit, mit der die Nadel sich auf- und abbewegt.
Bei optimaler Koordinierung entsteht ein schönes, gleichmäßiges Nahtbild.

EXTRA

- Stopf- oder Quiltfuß

Ein Stichregulator (den manche Maschinenhersteller als Zubehör anbieten) erleichtert das Freihandquilten insofern, als ein Sensor erfasst, mit welcher Geschwindigkeit der Quilt unter der Nadel geführt wird und die Stichgeschwindigkeit entsprechend anpasst, damit die Stiche schön gleichmäßig werden.

Skizziere Quiltmuster vorher mit einem Stift auf Papier. Wenn dir das Muster gelingt, ohne dass du den Stift zwischendurch abzusetzen musst, kannst du es auch quilten.
Schaue beim Freihandquilten möglichst nicht auf den Nähfuß.

Übungen zum Freihandquilten

Du erhältst einen leichten 3-D-Effekt, wenn du die Nahtzugaben zu einer Seite bügelst und nur die angrenzenden, tiefer liegenden Flächen quiltest.

LINEALQUILTEN

Die Ursprünge des Linealquiltens liegen im Quilten mit der Longarmmaschine. Der Quilt wird bei dieser großen Spezialmaschine fest in einen Rahmen gespannt, über dem sich die Nähmaschine mithilfe eines Schlittens bewegen lässt. Beim Linealquilten wird der Quiltfuß an der Kante des Lineals entlanggeführt. Dank der festen Einspannung des Quilts ist diese Technik mit der Longarmmaschine nicht sonderlich schwierig.

Linealquilten ist auch mit einer herkömmlichen Nähmaschine möglich, allerdings erfordert es viel Geschicklichkeit und ein gutes Timing. Das Lineal muss mitsamt dem Quilt am Nähfuß entlanggeführt und die Bewegung gleichzeitig auf die Nähgeschwindigkeit abgestimmt werden.

EXTRAS

- Linealquiltfuß mit erhöhter Kante
- Quiltlineal

QUILTEN VON HAND

Das Quilten von Hand hat eine lange Tradition. In der Regel wird mit dem Vor- oder Quiltstich (engl. *running stitch*) gearbeitet – die einfachste Möglichkeit, mehrere Stofflagen auf dekorative Weise zusammenzunähen.
Nadelstärke, Nadellänge und Stichlänge hängen einerseits von der Garnstärke ab, sind andererseits aber auch Geschmackssache. Probiere einfach mehrere Varianten aus und entscheide dich für eine Nadel, die dir gut in der Hand liegt.

Um möglichst exakt arbeiten zu können, verwenden viele Handquilter:innen einen Quiltrahmen, der etwas robuster ist als ein Stickrahmen. Wer keinen Rahmen besitzt oder anschaffen möchte, sollte den Quilt zum Nähen flach auf einen Tisch legen.

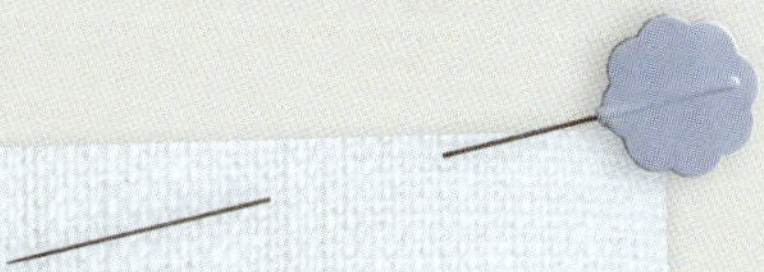

Sehr geübte Handquilter:innen quilten in alle Richtungen, ohne den Quilt zu drehen. Diese Technik hat die inzwischen verstorbene US-amerikanische Quilterin Esther Miller auch im deutschen Sprachraum populär gemacht.

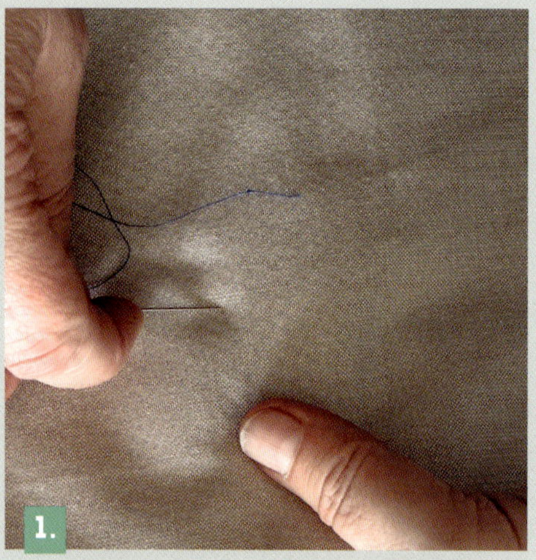

Das Garnende verknoten und die Nadel von oben in die Quiltoberseite stechen. Setze den Anfangsstich genau an die Stelle, an der du mit dem Quilten starten möchtest.

Ziehe den Knoten unter die Quiltoberseite, sodass er nicht mehr sichtbar ist. Damit dies gelingt, muss er so dünn sein, dass er im Stoff verschwindet, aber dick genug, um sich in der Wattierung zu verhaken.

Gequiltet wird von rechts nach links. Drücke die Stofflagen mit der freien Hand zusammen, damit sie sich nicht gegeneinander verschieben.

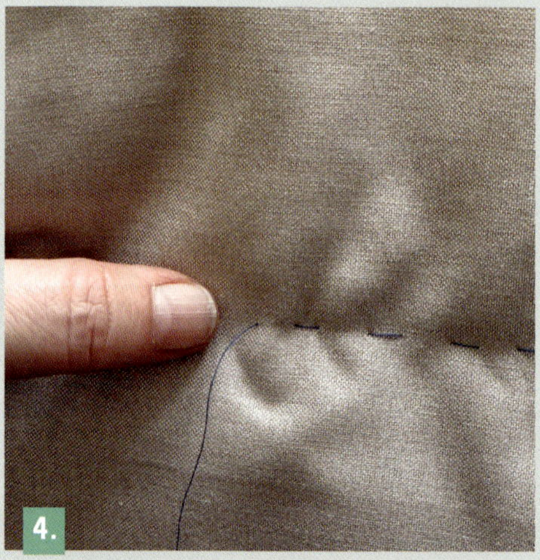

Um eine gerade Linie zu quilten, kannst du die Nadel einige Male ein- und wieder ausstechen, ehe du sie aus dem Stoff ziehst und das Garn glatt ziehst. Kontrolliere sofort, ob die Fadenspannung stimmt; du kannst sie später nicht mehr verändern. Die Naht sollte glatt liegen, aber nicht zu locker sein. Der Stoff darf sich nicht kräuseln.

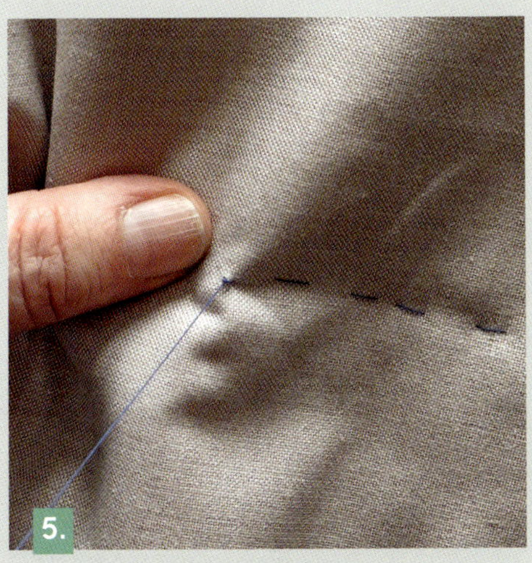

Lasse das Garnende lang genug, um es zu vernähen oder zu verknoten. Entweder setzt du über den letzten Stich einen zweiten Stich und vernähst dann das Ende, oder du schlingst einen französischen Knoten, den du unter die Quiltoberseite ziehst.

Das Fadenende kannst du abschneiden.

FRANZÖSISCHER KNOTEN

Den Faden zweimal um die Nadelspitze winden. Die Nadel dabei dicht an der Fadenaustrittsstelle halten. Den Faden anziehen, bis er eine sanfte Spannung hat. Diese Spannung mit dem Daumen der anderen Hand halten, während die Nadel direkt neben der Ausstichstelle eingestochen wird, und den Faden erst wieder loslassen, wenn er ganz durchgezogen ist.

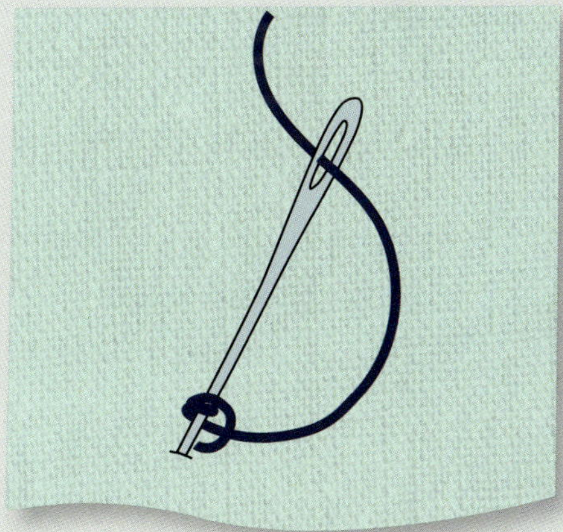

ABSCHLUSS-ARBEITEN

EINFASSUNG MIT RAND

Ist der Quilt fertig und sind alle Fäden vernäht, müssen nur noch die Ränder eingefasst werden.
Quilts, die als Wandbehang dienen sollen, wirken mit einer randlosen Einfassung oft am schönsten. Für Gebrauchsquilts, die öfter gewaschen werden, ist eine Einfassung mit Rand empfehlenswert.

QUILT-ENGLISCH

Binding – Einfassung
Faced Binding – unsichtbare Einfassung

EINFASSUNG

1. Vor dem Einfassen musst du den Quilt begradigen. Lege ihn dafür flach auf den Tisch oder, wenn der Tisch zu klein ist, auf den Boden und schneide ihn auf das gewünschte Endmaß zu. Die Kanten sollten rechtwinklig zueinander verlaufen.

2. Wenn du ein Etikett einnähen möchtest, nähe es an der gewünschten Stelle an die Kante.

Für die Einfassung brauchst du einen Stoffstreifen, der ca. 20 cm länger ist als der Umfang des Quilts. Die Breite des Streifens beträgt hier 2½ Inch.
Du kannst entweder vorgeschnittene Stoffstreifen verwenden (erhältlich im Quiltbedarf), oder die Streifen selbst herstellen.
Schneide dafür den Stoff im Fadenlauf 2½ Inch breit zu und nähe, falls nötig, mehrere Streifen aneinander. Die Streifen hierfür im rechten Winkel rechts auf rechts aufeinanderstecken und die Diagonale markieren.

Die beiden Streifen auf der Markierung zusammennähen.

Die Ecke mit Nahtzugaben zurückschneiden.

Die Nahtzugaben auseinanderbügeln.

Den Stoffstreifen der Länge nach links auf links falten. Den Stoffstreifen auf die Quiltoberseite legen, sodass die offene Seite bündig am Quiltrand anliegt. Den Beginn des Streifens etwa 20 cm von der Ecke des Quilts entfernt positionieren.

Den Streifen mit einer Nahtzugabe von ¾ Inch feststeppen.Wenn du eine Ecke erreichst, die Naht ¾ Inch vor der Kante verriegeln.

Den Streifen senkrecht nach oben falten.

Den Streifen wieder senkrecht nach unten falten, sodass die Falte des Streifens bündig zur Oberkante des Quilts liegt. Die offene Seitenkante des Streifens wieder bündig zur Kante des Quilts legen und mit Clips oder Stecknadeln feststecken.

Analog zu Schritt 5 die nächste Kante mit einer Nahtzugabe von ¾ Inch nähen und Anfang und Ende der Naht verriegeln. Die Schritte 5 bis 7 für alle Kanten des Quilts wiederholen. Bei der letzten Naht 20 cm vor Erreichen der ersten Naht stoppen.

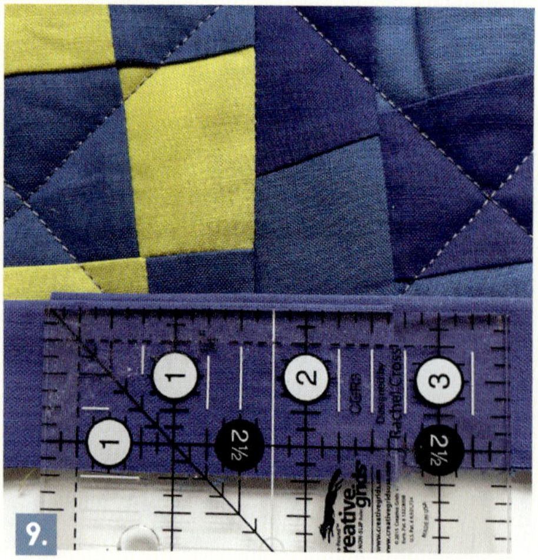

9.

Jetzt haben wir den Quilt mit dem Streifen umrundet, Anfang und Ende des Streifens überlappen sich und müssen nun so gekürzt werden, dass sie sich gut zusammennähen lassen.
Bei einer Stoffbreite von 2½ Inch sind Nahtzugaben von 2¾ Inch für den diagonalen Schnitt empfehlenswert. Zeichne die Schnittlinien an und kürze die Streifen ein.

Allgemeine Berechnung:
Breite der Stoffstreifen + ¼ Inch =
Länge der Überlappung

10.

Clipse den Quilt zusammen, damit du mehr Spielraum zum Nähen hast.

11.

Falte die beiden Streifenenden auseinander und lege sie im rechten Winkel rechts auf rechts aufeinander (genauso, wie du vorher die Streifen aneinandergefügt hast).

12.

Nähe die Streifen über Eck zusammen und kontrolliere, ob du in der richtigen Diagonalen genäht hast, ehe du die Ecken zurückschneidest.

Die Nahtzugaben mit den Fingern auseinanderdrücken und die überstehenden „Ohren" abschneiden. Den Streifen an die Kante des Quilts nähen.

Die Randeinfassung von der Quiltvorderseite nach außen und um die Kante falten. Die erste Kante feststecken oder -clipsen. Die Ecken von der Rückseite aus senkrecht nach oben falten.

Die nächste Kante falten, sodass eine schöne Ecke entsteht.

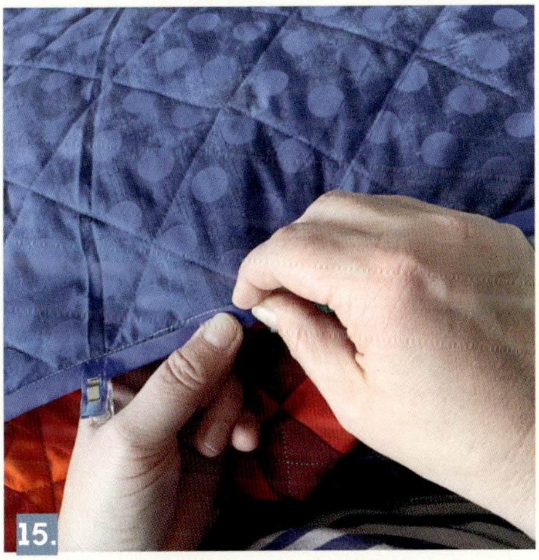

Die Randeinfassung auf der Rückseite des Quilts mit Garn in der Farbe des Stoffstreifens von Hand mit dem Matratzenstich festnähen.

RANDLOSE EINFASSUNG

Randlose Einfassungen werden gerne für Kunstquilts und Quilts, die an der Wand präsentiert werden sollen, gewählt.

Für kleinere Quilts gibt es noch andere Abschlussvarianten. So können z.B. Ecken auf der Rückseite eingenäht werden, in die eine Holzlatte zum Aufhängen gesteckt werden kann.

Für großformatige Quilts eignet sich die folgende Vorgehensweise in meinen Augen am besten. Da die Seitenkanten erst zum Schluss eingeschlagen werden, sieht der Abschluss auch dann gut aus, wenn man den an der Wand hängenden Quilt von der Seite betrachtet.

1\. Den Quilt an allen vier Kanten mit einer Zugabe von 1½ Inch in Bezug auf das endgültige Maß begradigen.

2\. Das endgültige Maß des Quilts auf der Quiltoberseite mit einer Zugabe von ¾ Inch anzeichnen. An dieser Linie werden die Stoffstreifen angelegt, die später verstürzt werden.

3\. Für die Stoffstreifen wähle ich in der Regel den Stoff der Quiltrückseite. Den Stoff im Fadenlauf 7½ Inch breit zuschneiden. Die Länge der Streifen ergibt sich aus der endgültigen Höhe und Breite des Quilts. Zwei Streifen schneide ich in der Höhe des Quilts zu und zwei Streifen 3 Inch länger als die Breite des Quilts.

Die beiden Streifen in Quiltbreite (hier sind es die längeren) an die Ober- und Unterkante des Quilts nähen. Die Streifen hierfür der Länge nach links auf links falten, an der eingezeichneten Linie auf der Quiltoberseite ausrichten und feststecken, sodass sie an beiden Kanten (am Anfang und am Ende) gleichmäßig überstehen; die offene Kante liegt außen.

Die Streifen mit Nahtzugabe festnähen. Um eine ganz gerade Einfassung zu erhalten, wird eine zweite Linie mit ¾ Inch Abstand zur bereits vorhandenen Linie auf dem Streifen eingezeichnet. Auf dieser Linie wird genäht.

Danach die Streifen nach außen klappen und bügeln (den Quilt nicht mitbügeln!).

Die Streifen an der Bruchkante von rechts knapp abnähen.

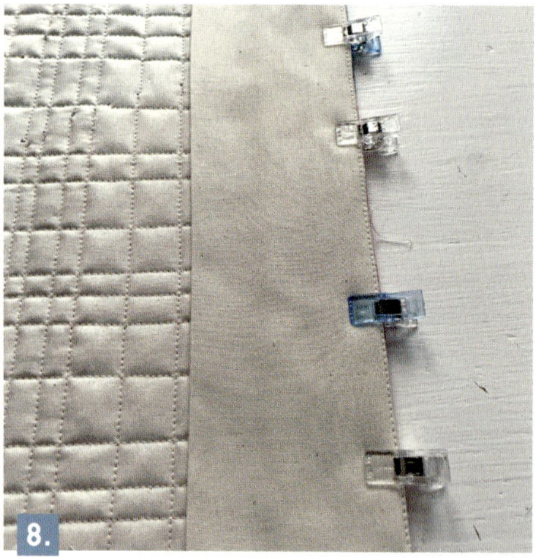

Die Streifen und den Quiltrand um die Kanten des Quilts falten, die Falten leicht bügeln und wieder auffalten.

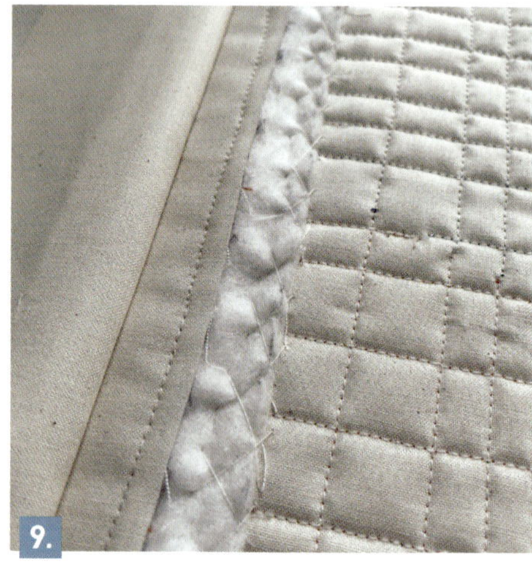

Den Quiltrand, der später durch den Streifen verdeckt wird, etwa 1 Inch vom Rand entfernt mit einem Hexenstich festnähen, damit er schön flach liegt.

Die beiden kürzeren Streifen links auf links der Länge nach falten und an den Enden leicht schräg umnähen.

Die Streifen an den in Schritt 2 eingezeichneten Seitenlinien ausrichten; diesmal stehen keine Enden über. Nun alle Schritte ab Schritt 4 wiederholen: die Streifen mit Nahtzugabe festnähen, die zweite Linie einzeichnen und an dieser Linie entlangnähen, die Streifen auf die Vorderseite umfalten, die Falte leicht bügeln, feststecken und knapp abnähen. Die Streifen auf die Rückseite falten, leicht bügeln und festclipsen.

Die Ecken mitsamt dem innen liegenden Stoff und der Füllung schräg zurückschneiden. Die restlichen, später verdeckten Quiltränder mit einem Hexenstich festnähen.

Die Kanten der Streifen auf der Quiltrückseite festnähen.

Ansicht der Rückseite

TUNNEL

Quilts, die später eine Wand schmücken sollen, benötigen eine Aufhängevorrichtung, beispielsweise einen Stofftunnel für eine Leiste, die später an die Wand gehängt oder montiert wird. Bei Ausschreibungen wird üblicherweise ein 10 cm breiter Tunnel gefordert. Manchmal sind auch die Randabstände vorgegeben. Damit der Quilt besser hängt und sich auf der Vorderseite nichts wellt und auch die Aufhängung nicht aufträgt, nähe ich den Tunnel mit Falte. Das bedeutet, dass der Umfang des Tunnels etwas mehr als doppelt so groß sein muss wie die geforderte Breite, wodurch nach dem Einführen der Leiste eine Falte entsteht.

1.

Bei einer Tunnelbreite von 10 cm einen 9½ Inch (22,9 cm) breiten Stoffstreifen zuschneiden, der etwas kürzer ist als der Quilt breit.

Die beiden kurzen Enden zweimal nach links einschlagen und säumen, damit die Kanten später nicht ausfransen.

Die langen Kanten des Streifens der Länge nach links auf links aufeinanderlegen und zusammennähen. Die Nahtzugaben auseinanderbügeln. In den Tunnel zwei Falten bügeln, die einen Abstand von 10 cm voneinander haben; die Naht liegt irgendwo dazwischen.

Den Tunnel mit der Naht nach unten auf die Rückseite des Quilts legen.

Den Tunnel gleichmäßig an der oberen Quiltkante ausrichten, feststecken und von Hand mit dem Matratzenstich annähen.

LABEL

Wie ein Maler seine Bilder kannst auch du deine Quilts signieren: mit einem Label auf der Rückseite, das deinen Namen, gegebenenfalls deine Kontaktdaten, das Datum der Fertigstellung, den Titel deines Werks und vielleicht den Empfänger oder die Empfängerin enthält.

Bei Ausschreibungen und Wettbewerben ist meist vorgegeben, welche Informationen das Label beinhalten und wo auf der Rückseite des Quilts es angebracht werden soll.

HERSTELLEN EINES LABELS

Für das Label eignet sich bedruckter oder unifarbener Stoff. Du kannst es

- mit einem permanenten Textilstift,
- einer Stickmaschine,
- deiner Nähmaschine (Freihandquilten) oder
- von Hand

beschriften.

Als Alternative bietet sich das Bedrucken des Stoffs mit einem Tintenstrahldrucker an (mit einem Laserdrucker funktioniert es nicht).

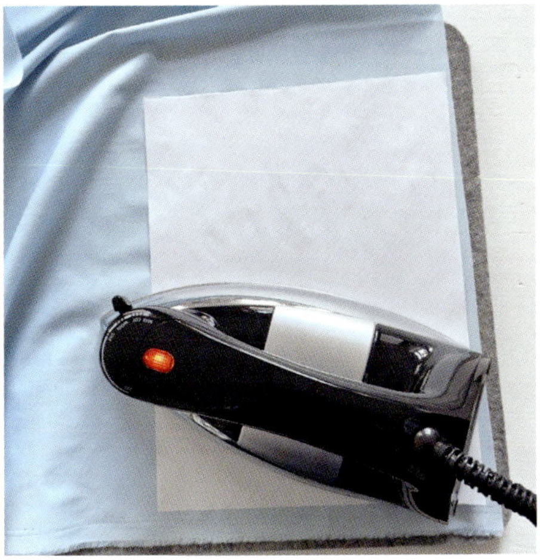

Schneide Freezer-Papier auf die Größe einer DIN-A4-Seite zu, damit der Drucker das Blatt problemlos einzieht, und bügle es mit der glänzenden Seite auf die linke Seite des zu bedruckenden Stoffs. Es muss überall gut haften. Zum Anpressen während des Auskühlens kannst du einen Clapper verwenden. Lege ihn so auf, dass die Kante, die der Drucker als Erstes einzieht, nach dem Abkühlen plan ist.

Schneide den Stoff exakt auf die Größe des Freezer-Papiers zu.

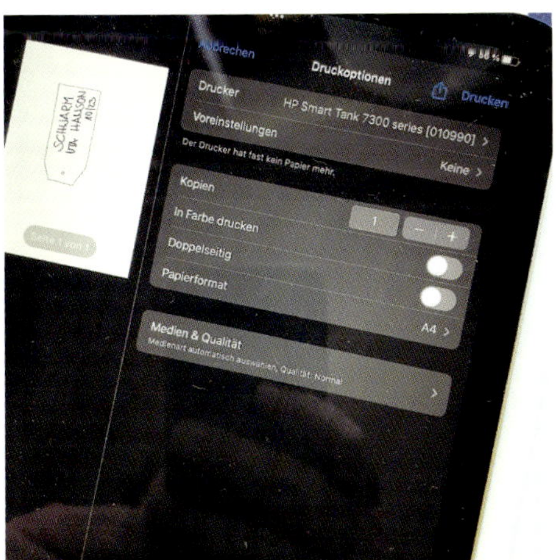

Entwirf das Label am Rechner, lege den Stoff mit dem Freezer-Papier in den Drucker und bedrucke den Stoff.

Danach kannst du das Freezer-Papier abziehen (es ist wiederverwendbar). Den Druck sehr heiß bügeln, um ihn zu fixieren.

AUSBLICK

TEXTILKUNST

Mir gefällt der Gedanke, dass wir in der Textilkunst einen Fußabdruck hinterlassen können, der um einiges positiver ist als unser digitaler oder CO_2-Fußabdruck. Begib dich also ans Werk. Wähle die Techniken aus, die dich ansprechen, und nähe Quilts für dich, für deine Lieben oder für eine Ausstellung.

AUSSCHREIBUNGEN

Sowohl national als auch international gibt es zahlreiche Ausschreibungen und Ausstellungen, von denen du dich inspirieren lassen und an denen du dich beteiligen kannst.

Es fühlt sich toll an, den eigenen Quilt gemeinsam mit anderen Quilts der Öffentlichkeit zu präsentieren. Schon deshalb möchte ich dich zum Mitmachen ermuntern. Schau dich um, und wenn du eine Ausschreibung entdeckst, die dich anspricht, dann versuch es einfach – du hast nichts zu verlieren. Im Gegenteil, du kannst deinen persönlichen textilen Fußabdruck hinterlassen.

The Situationship
von Helen McBride Richter, 77" x 77",
Ausstellung „Color Improvisation 3" im
Museum Tuch + Technik in Neumünster

Größere Ausstellungen setzen eine Bewerbung voraus. Dabei solltest du dich an alle damit einhergehenden Vorgaben halten, allein schon, um nicht aus formalen Gründen abgelehnt zu werden.

Ausstellung „Color Improvisation 3"
im Museum Tuch + Technik in Neumünster

CHECKLISTE FÜR DIE TEILNAHME AN AUSSCHREIBUNGEN

- ☐ Wurden alle Fristen eingehalten?
- ☐ Wurden alle formalen Vorgaben eingehalten (Maße des Quilts usw.)?
- ☐ Wurden alle Vorgaben für das einzureichende Foto eingehalten: Auflösung, Format, Beschriftung?

Quiltrückseite

- ☐ Hat der Tunnel die geforderten Maße?
- ☐ Enthält das Label die geforderten Inhalte?
- ☐ Ist das Label an der richtigen Stelle angebracht?

- ☐ Wurden alle Nadeln entfernt?
- ☐ Wurden alle Markierungslinien entfernt?
- ☐ Ist der Quilt geruchsneutral?
- ☐ Ist der Quilt frei von Tierhaaren?

Hier noch ein paar weitere Tipps der US-amerikanischen Jurorin Nancy Fuka:

Vernachlässige die Randeinfassung nicht. Fuka empfiehlt, mit einem rechtwinkligen Lineal zu arbeiten und die Einfassung von Hand anzunähen. Ihre Breite sollte überall gleich sein.

Gibt dem Quilt einen aussagekräftigen Namen. Idealerweise vermittelt der Titel etwas von dem, was du mit dem Quilt zum Ausdruck bringen möchtest.

Achte darauf, dass die Angaben zu Materialien und Technik genau und vollständig sind.

Formuliere ein gut durchdachtes, klares künstlerisches Statement. Daraus sollte unter anderem hervorgehen, was dich inspiriert hat (z.B. ein bestimmtes Ereignis oder eine Assoziation).

Ordne deinen Quilt in die richtige Kategorie ein. Wenn du dir nicht sicher bist, entscheide dich für die Kategorie, die dir am passendsten erscheint.

Ausstellung „Color Improvisation 3"
im Museum Tuch + Technik in Neumünster

VERSICHERUNGSWERT UND VERKAUFSWERT

Um es gleich vorweg zu sagen: Die beiden Werte sind nicht identisch.

Der **Versicherungswert** setzt sich aus den Kosten des Materials und der Arbeitszeit, die du für das Nähen des Quilts aufgewendet hast, zusammen. Die Arbeitszeit musst du mit dem von dir kalkulierten Stundenhonorar, das mindestens dem Mindestlohn entsprechen sollte, multiplizieren. Dazu kommen gegebenenfalls weitere Aufwendungen, z.B. Kosten für Bewerbungsfotos oder anteilige Kosten für die Wartung der Nähmaschine.

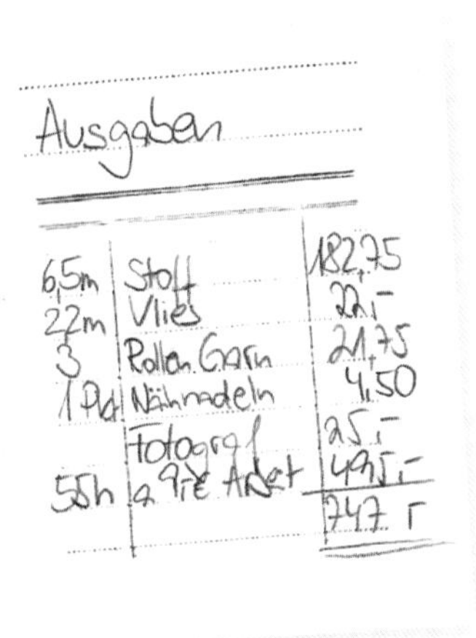

Den **Verkaufswert** des Quilts legst du selbst fest. Gerade bei Handarbeiten, in die viel Kreativität und Arbeit geflossen sind, ist das nicht ganz einfach. In meinen Augen solltest du deine Werke keinesfalls für einen Preis abgeben, der vielleicht gerade mal die Materialkosten deckt, die Arbeitszeit aber außen vor lässt. Etwas ganz anderes ist es natürlich, wenn dein Quilt als Geschenk für einen lieben Menschen gedacht ist.

Wenn du deine Quilts als Textilkunst betrachtest, kannst du zur Preiskalkulation auch eine Formel aus der bildenden Kunst heranziehen. Sie beruht auf dem sogenannten Künstlerfaktor, einem Multiplikationsfaktor, der die Bekanntheit eines Künstlers oder einer Künstlerin berücksichtigt. Während ein unbekannter Maler, der noch nie etwas verkauft hat, etwa mit dem Faktor 4 rechnet, kann ein bekannter Maler durchaus mit dem Faktor 10 kalkulieren.
Bei dem ersten Quilt, den ich verkauft habe, habe ich den Faktor 4,5 angewendet.

Höhe des Werks (in cm)
+ Breite des Werks (in cm)
x Künstlerfaktor
= **VERKAUFSWERT** in €

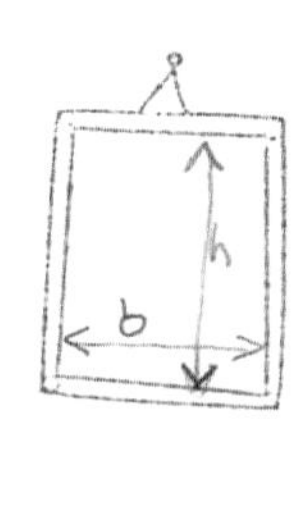

WIE WERDEN QUILTS FÜR AUSSTELLUNGEN AUSGEWÄHLT?

Die Menschen, die Quilts für eine Ausstellung oder einen Wettbewerb auswählen, sind keine Ordnungshüter. Ihnen geht es um eine ansprechende Auswahl, und in der Regel versuchen sie bei jedem einzelnen Projekt das Positive zu sehen. Doch egal, nach welchen Kriterien sie urteilen, sie stehen immer unter einem großen Zeitdruck.

UMGANG MIT KRITIK

Es gibt immer Menschen, die mehr Erfahrung im Quilten oder eine Vorliebe für einen bestimmten Stil haben. Wenn sie dich kritisieren, versuche ihr Urteil als Anregung zu verstehen und lass dich davon inspirieren. Sie ermöglichen dir, einen neuen Blickwickel einzunehmen und vielleicht auch eine neue Technik zu entdecken, doch du solltest dich niemals an ihnen messen.

Das Wichtigste ist, dass dir das Patchworken und Quilten Spaß macht. Sei nicht zu kritisch mit dir selbst und nicht zu streng beim Beurteilen deiner Werke. Viele (vermeintliche) Fehler, die du siehst, werden anderen wahrscheinlich gar nicht auffallen. Stoße sie nicht mit der Nase darauf. Es zählt das, was dir gefällt.

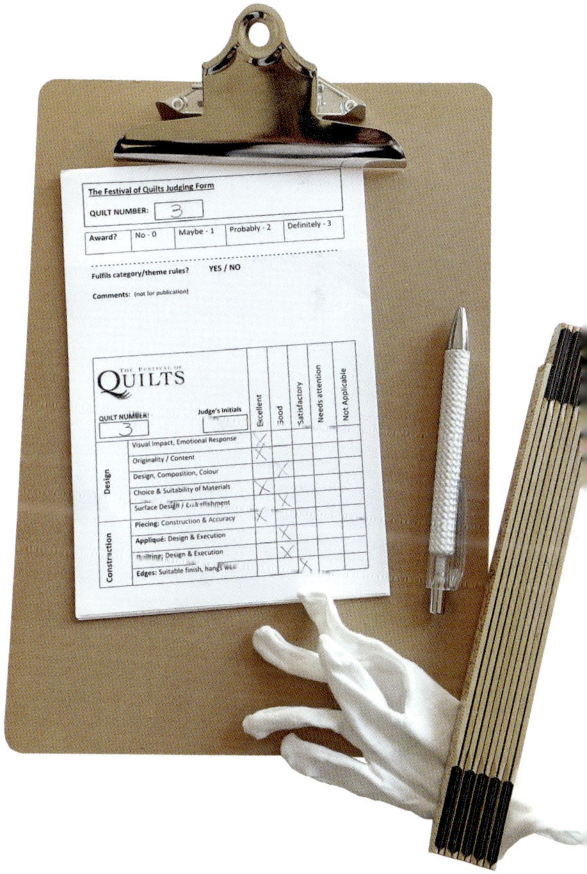

QUILTS FOTOGRAFIEREN

Bei Fotos, die unabhängig von Ausschreibungen entstehen, spielen formale Kriterien keine große Rolle. Schön ist, wenn das Bild einen Eindruck von der Größe des Quilts vermittelt.

KLEINES FOTO-EINMALEINS

- Ein neueres Smartphone reicht zum Fotografieren aus.
- Die Linse sollte sauber sein.
- Fotografiere dein Werk bei Tageslicht.
- Halte das Handy parallel zum Quilt, um Verzerrungen zu vermeiden.
- Stelle den Fokus so ein, dass der Quilt scharf abgebildet wird.
- Achte darauf, das Handy/ die Kamera waagerecht zu halten.
- Achte darauf, dass der Quilt ganz abgebildet und nichts abgeschnitten wird.

Ich rate dazu, die einzelnen Entstehungsphasen eines Quilts fotografisch zu dokumentieren. Wenn der Quilt fertig ist, ist es dafür zu spät.

Wenn du dich für eine Ausschreibung bewirbst, musst du normalerweise zwei Fotos von deinem Quilt einreichen. Von ihnen hängt ab, ob er angenommen wird oder nicht. Es ist also wichtig, dass du die Vorgaben beachtest und möglichst gute Fotos einreichst. Lies dir genau durch, welche Auflösung und welche Hintergrundfarbe gewünscht sind (meist Weiß oder Schwarz), wie groß der Ausschnitt der Detailansicht sein soll und wie die Fotos zu beschriften sind. Es wäre schade, wenn du an formalen Vorgaben scheitern würdest.

Ist der Quilt so groß, dass er schlecht von einer Person gehalten werden kann, wende den Waschlappentrick an.

Wenn Bilder nicht für eine Ausstellung vorgesehen sind, dürfen sie auch weniger formal sein.

Work in progress, aus der Vogelperspektive aufgenommen.

Detailfotos aus dem Entstehungsprozess rücken das Wichtige in den Vordergrund.

Flatlay – die Stilllebendarstellung macht Lust, die schön bedruckten Stoffe weiterzuverarbeiten.

Quilts im Kontext – einmal an der Hausmauer und

einmal im Wohnbereich fotografiert – lassen auf die Größe schließen.

GLEICHGESINNTE FINDEN

Als ich mich für Quilts zu interessieren begann, kannte ich niemanden, der sich für diese Form der Textilkunst begeisterte. Ich hätte mich damals sehr über ein paar Tipps und Adressen gefreut. Wie ich heute weiß, ist es gar nicht schwer, Gleichgesinnte zu finden. Sich mit ihnen auszutauschen ist oft hilfreich und meist sehr inspirierend.

Besuche Ausstellungen, Messen und Fachgeschäfte und sprich dort die Menschen, die dich interessieren, einfach an. Wenn du dich das nicht traust, nimm per E-Mail oder Direktnachricht (z.B. bei Instagram) Kontakt zu ihnen auf.
Du kannst auch eine der Gilden anschreiben und fragen, ob es in deiner Nähe eine Quiltgruppe gibt, der du dich anschließen kannst. Auf den Websites der Gilden findest du darüber hinaus Veranstaltungskalender mit Kursen, Messen und Ausstellungen. Mittlerweile gibt es auch einige geschlossene Gruppen, die sich regelmäßig online treffen. Abonniere und höre Podcasts, in denen es ums Patchworken und Quilten geht.
Ich persönlich liebe Instagram. Über dieses Netzwerk habe ich schon viele Menschen kennengelernt, die meine Begeisterung fürs Quilten teilen und die ich nicht mehr missen möchte. Es werden regelmäßig inspirierende Mitmachaktionen gepostet. Und auch wenn du zu Anfang selbst keine Bilder veröffentlichst, kannst du ein Kompliment oder ein „Like" hinterlassen – über Wertschätzung freut sich jeder.

Entdeckst du etwas, was dich anspricht und/oder Fragen aufwirft, ist es ein Leichtes, die betreffende Person anzuschreiben und nachzufragen.

QUILT-ENGLISCH

BOM (Block of the Month) – Block des Monats (wie Mitarbeitende:r des Monats)

FAL (Finish Along) – ein Projekt, das gerade fertiggestellt wird.

Mystery – ein Quiltprojekt, dessen Design sich erst sukzessive erschließt: Man weiß am Anfang nicht, wie der Quilt am Ende aussehen wird.

Quilt Along – Gleichgesinnte arbeiten zeitgleich an einem Projekt und tauschen sich darüber aus.

BEE-GRUPPE Jeden Monat nähen die Mitglieder für eine Person. Reihum ist jede einmal die Bee-Queen, die vorgibt, was genäht werden soll.

BUCHTAUSCH

#**quiltersbookpassportgermany** ist eine Buchtauschaktion, die im deutschsprachigen Raum von Sandra (@hohenbrunnerquilterin2.0) per Instagram koordiniert wird. Man stellt ein gern gelesenes Buch zur Verfügung und sendet es mit zwei passenden Stoffen im Fat-Quarter-Format an eine interessierte Person.

EUROPÄISCHE QUILT-GILDEN

patchworkgilde.de
patchquilt.ch
patchworkgilde.at
quiltersgilde.nl
patchwork.dk
quiltersguild.org.uk
themodernquiltguild.com – MQG, Modern Quilt Guild,
rhein-mqg.de – deutsche Untergruppe der MQG
saqa.com/regions/europe-middle-east – SAQA (diese Gruppe widmet sich vor allem der Quiltkunst)
Auf den Websites finden sich gegebenenfalls auch regionale und digitale Gruppen.

naehgang.de (Online-Community)

MESSEN

nadel-welt.de
patchwork-europe.eu
quiltfestival.lu
thefestivalofquilts.co.uk
quiltCon.com

PODCAST

quiltkarussell.podigee.io

PROGRAMME UND APPS

Die folgende Liste enthält nur eine Auswahl digitaler Werkzeuge, die dich beim Umsetzen deiner Quiltprojekte unterstützen können. Da die Entwicklung im Digitalbereich sehr rasant verläuft, wird es schon bald sicherlich weitere Apps und Programme geben.

PROGRAMME

YouPatch – damit lässt sich ein Digitalfoto in ein Pixelmuster mit Nähplan umwandeln.
EQ8 (Electric Quilt Software 8) – Software zur Erstellung von Patchworkmustern
Adobe Color Wheel bzw. Adobe Capture – zur Generierung von Farbpaletten und zur Erfassung von Farben aus Digitalfotos

APPS

Flickr – digitale Fotosammlung
Facebook – Kommuniationsplattform
Cora – Sew Your Fabric Stash – zur Verwaltung von Stoffvorräten (nur für iOS)
Quilty Solid – ermöglicht die Suche passender Solids verschiedener Hersteller
QuiltingCalc – zur Kalkulierung von Quilt- und Blockgrößen
Pinterest – Moodboard- und digitale Fotosammlung
Instagram – soziales Netzwerk zum Teilen von Fotos und Videos

BEZUGSQUELLEN

DEUTSCHLAND

Quiltbedarf

Quiltzauberei
46535 Dinslaken
www.quiltzauberei.de

Quiltcabin
44263 Dortmund
www.quiltcabin.de

Grit's Life
29581 Gerdau
www.gritslifeshop.de

Quiltmanufaktur
60596 Frankfurt
quiltmanufaktur.com

Sue's Quilt Shop
71126 Gäufelden
www.suesquiltshop.de

Niemanns-Land Quiltshop
24850 Hüsby
www.niemanns-land.com

Laridae Quilting-Shop
25582 Kaaks
laridae-quiltingshop.de

Quilts and more
57567 Daaden
www.quilts-and-more.de

Farbenrausch
57072 Siegen
www.farbenrausch.biz

Nähzimmer mit Herz
55268 Nieder-Olm
naehzimmermitherz.de

Das Mach Ich Nachts
44805 Bochum
das-mach-ich-nachts.com

Quiltmania
74635 Kupferzell
www.quiltmania.de

Floyd the fox
70199 Stuttgart
floydthefox.de

Stefanie's Stoffzauber
50129 Bergheim
stefanies-stoffzauber.de

Quilt-Werkstatt
27619 Schiffdorf
quiltshop.de

Quiltwinkel
30459 Hannover
www.quiltwinkel.de

Quilt Shop
25451 Quickborn
quiltshop-baudisch.de

Patchworkstadl
87600 Kaufbeuren
patchworkstadl.de

Der Rabe im Schlamm
22941 Hammoor
derrabeimschlamm.shop

Patchwork Nordlicht
24955 Harrislee
patchwork-nordlicht.de

Das tapfere Schneiderlein
52064 Aachen
dastapfereschneider-
lein-aachen.de

Spezielles Equiment

Eingebrannt.de
(Quiltlineale)
21279 Appel
www.eingebrannt.de

Pasacana
(EPP-Papiere u.a.)
85354 Freising
www.etsy.com/de/shop/
Pasacana

Smart-Thread
(Garn)
78559 Gosheim
www.smart-thread.com

Prym Consumer Europ
GmbH
(Kurzwaren)
52224 Stolberg
de.handicraft.com

Profi Patchworken und Quilten
(Kurzwaren u.a.)
36251 Ludwigsau
quiltprofi-shop.eu

Sticken und Gestalten
(Handnähnadeln)
14195 Berlin
www.sticken-gestalten.de

Patin-A
(Krauseminzewasser)
10245 Berlin
www.patin-a.de

Quilt around the World
(EQ8)
81827 München
shop.quilt-around-the-world.com

Nähwelt Flach
(Nähmaschinen)
63801 Kleinostheim
www.naehwelt-flach.de

Nähpark
(Nähmaschinen)
93413 Cham
naehpark.com

Die Nähmaschinen Doktoren
(Nähmaschinen-reparaturen)
52525 Heinsberg
naehmaschinen-doktoren.de

ÖSTERREICH

Komolka
1070 Wien
www.komolka.at

„Das Handarbeitsgeschäft"
1030 Wien
www.dashandarbeitsge-schaeft.at

Stoffsalon
1070 Wien
www.stoffsalon.at

Die Stoffschwester
1030 Wien/2700 Wiener Neustadt
www.stoffschwester.at

Nähcenter Egelwolf
nur Nähmaschinen, sehr gute Beratung und Reparatur
www.naehcenter.at
1150 Wien, Reithofferplatz 14

Tina Design
2620 Mollram
www.tinadesign.at

Quilthouse Purgstall
3251 Purgstall
www.quilthouseshop.com

Kreativshop
2345 Brunn am Gebirge
www.kreativshop.at

Nähen und mehr
4020 Linz
naehenundmehr.com

Patchworkstube Aflenz
8623 Aflenz
patchworkstube.at

SCHWEIZ

Patchworkshop
8008 Zürich
patchworkshop.ch

Cotton & Color
4125 Riehen
Shop.cotton-color.com

Patjo
1033 Cheseaux-Lausanne
patjo.ch

Patchdomino
1350 Orbe
patchdomino.ch

Patchworkstatt
5034 Suhr
patchworkstatt.ch

The Quiltplace
8309 Nürensdorf
thequiltplace.ch

Patch Ideal
8253 Diessenhofen
patchideal.ch

Patchart
3006 Bern
www.patchart.ch

Stick und Quilt Egge
8933 Maschwanden
www.stickundquilt-egge.ch

QUELLEN:

„The Modern Quilt Guild" (MQG)
www.themodernquiltguild.com/2023/04/24/what-is-modern-quilting-2/
(Informationen für das Kapitel „Geschichte des modernen Quiltens")

BILDNACHWEIS

Alle Fotos stammen von Uta Hanson außer:

S. 9, oben links: Kathy Anso,
Crop to beauty, 200 x 200 cm, 2023
„Unsere Augen und Herzen blicken über das Gewöhnliche hinaus, um von der Schönheit erfrischt zu werden. An einem kalten, nassen Wintermorgen schallten die fröhlichen Stimmen dieser Jugendlichen über das leere Feld, als sie Straßenkegel für eine Veranstaltung für Kinder aufstellten." Kathys Quilts sind allesamt Kunstwerke, die für Betten gemacht sind. Geliebte Menschen wickeln sich in den Quilt und denken über die ermutigende Geschichte nach.

S. 11, rechts: Gabi Mett,
OROGHAME, 185 x 106 cm, 2019/2020
„Immer wieder stelle ich mir die Aufgabe, antike, alte oder recycelte Materialien für meine Arbeiten einzusetzen, ihre Geschichte zu erspüren, zu interpretieren und mit meiner Zeit zu verknüpfen. In dieser Arbeit war ein Vorhang aus Hanfstoff Ausgangspunkt für eine freie Interpretation des Sonnenmotivs."

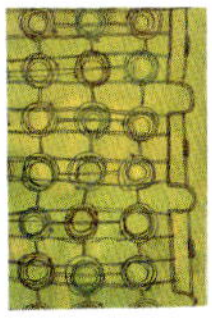

S. 11, links: Susan Brubaker Knapp,
Sproing, 108 x 162,5 cm, 2022
„Sproing basiert auf einer Strichzeichnung, die ich von alten Bettfedern angefertigt habe, die jemand aus meiner alten Nachbarschaft auf einem Bordstein abgelegt hatte."

Die Fotos auf den Seiten 156 (Helen Mc Bride Richter), 158 und 159 wurden mit freundlicher Genehmigung auf der Ausstellung „Color Improvisation 3" im Museum Tuch + Technik in Neumünster aufgenommen.

STICHWORTVERZEICHNIS

VORLAGEN

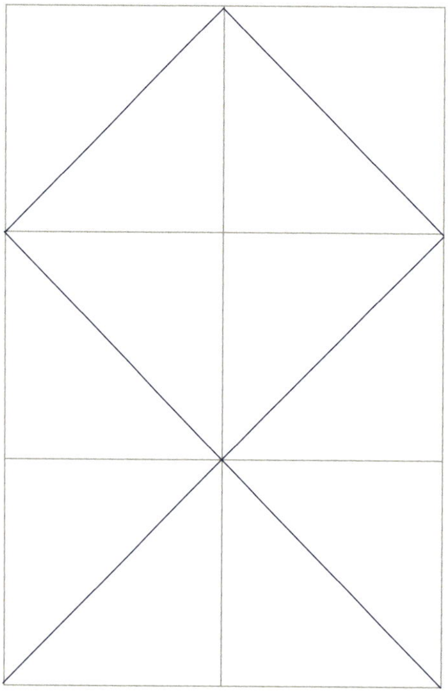

Vorlage für die Dreiecke
auf Seite 73

Alle Vorlagen zum Ausdrucken in Originalgröße findest du hier:

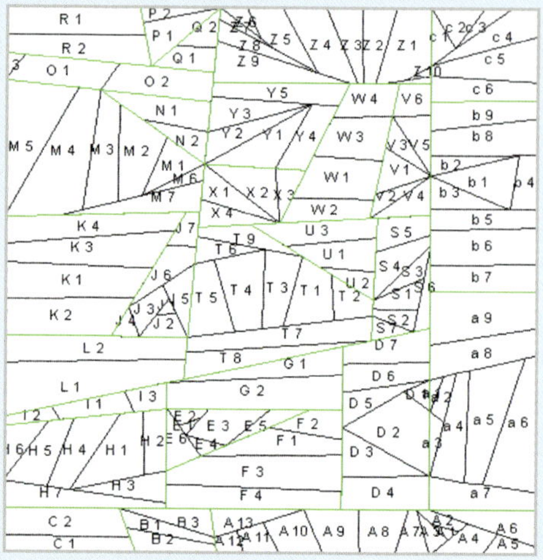

Übersicht Fischblock auf Seite 85

Die Vorlage für das Muster mit dem orangefarbenen Fisch kannst du hier herunterladen

Vorlagen für das Fischmuster auf Seite 85/87

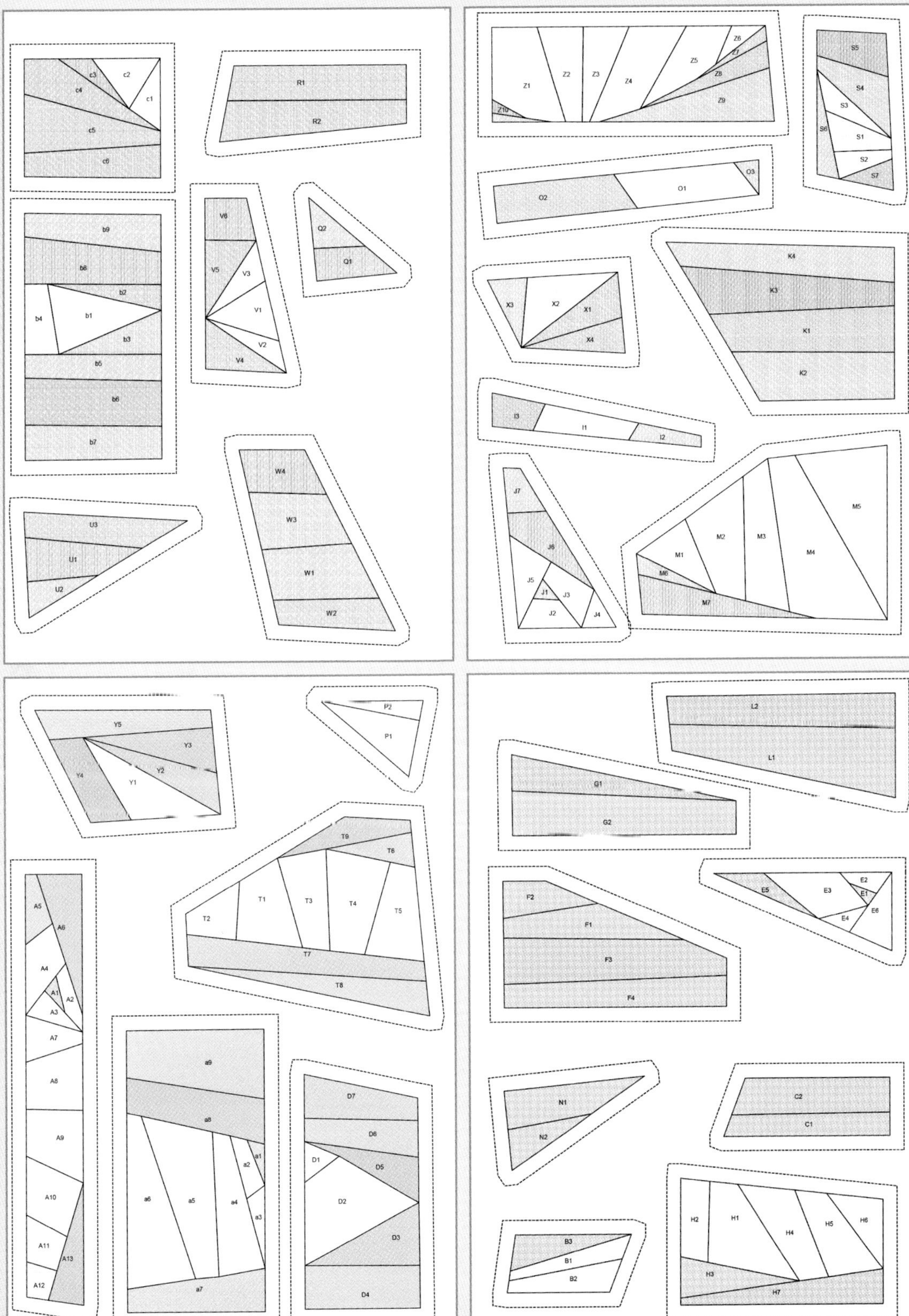

Vorlagen für die Applikationen
auf Seite 88/89

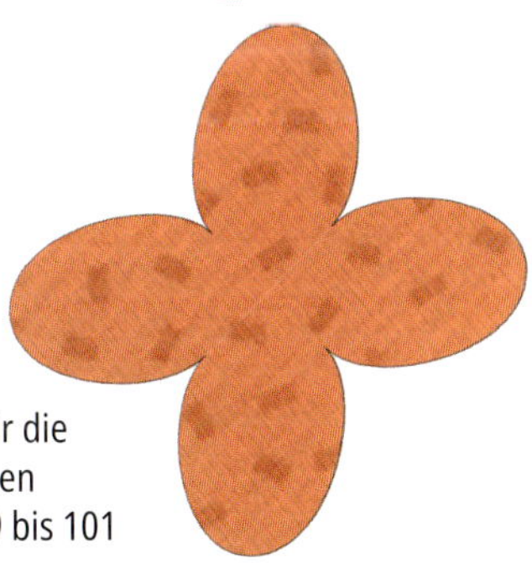

Vorlagen für die Applikationen auf Seite 99 bis 101

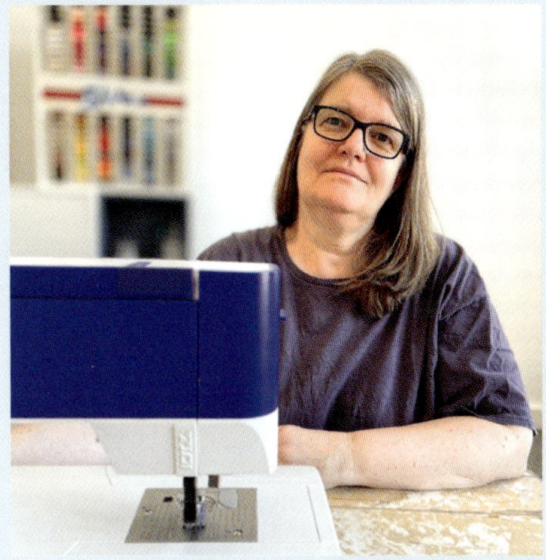

DIE AUTORIN

Die Neugier trieb Uta Hanson in Quiltausstellungen, -Workshops und Bibliotheken. Kurse bei Bernadette Mayr und Nancy Crow zeigten ihr neue Welten und Herangehensweisen. Uta Hanson hat an zahlreichen Ausstellungen teilgenommen, Projekte mit lokalen und internationalen Gruppen, eine Online-Konferenz und Challenges mit viel Resonanz organisiert. Ihre Quilts wurden international mit Preisen ausgezeichnet.

Besuche mich gerne virtuell auf Pinterest oder Instagram: @utahanson

IMPRESSUM

1. Auflage: 2024
ISBN 978-3-258-60267-7

Umschlag, Illustrationen, Gestaltung und Satz:
Michaela Müller, D-Bergisch Gladbach
Lektorat: Jutta Orth, D-Freiburg i Br.

Wir drucken mit mineralölfreien Farben und verwenden FSC®-zertifiziertes Papier. FSC® sichert die Nutzung der Wälder gemäß sozialen, ökonomischen und ökologischen Kriterien.
Gedruckt in Bosnien und Herzegowina

FSC www.fsc.org MIX Papier | Fördert gute Waldnutzung FSC® C118234

Diese Publikation ist in der Deutschen Nationalbibliografie verzeichnet.
Mehr Informationen dazu findest du unter http://dnb.dnb.de.

Der Haupt Verlag wird vom Bundesamt für Kultur für die Jahre 2021–2024 unterstützt.

© Shutterstock, Huza Studio

Du möchtest nichts mehr verpassen?
Folge uns auf unseren Social-Media-Kanälen
und bleibe via Newsletter auf dem neuesten Stand.

www.haupt.ch/informiert

Wir verlegen mit Freude und großem Engagement unsere Bücher. Daher freuen wir uns immer über Anregungen zum Programm und schätzen Hinweise auf Fehler im Buch, sollten uns welche unterlaufen sein.

www.haupt.ch